古典文獻研究輯刊

二六編

潘美月・杜潔祥 主編

第 10 冊

清帝國本部政區資料輯攷（上）

蔡 宗 虎 著

國家圖書館出版品預行編目資料

清帝國本部政區資料輯攷(上)／蔡宗虎 著 — 初版 — 新北市：
花木蘭文化事業有限公司，2018〔民107〕
序 2+ 目 4+182 面；19×26 公分
（古典文獻研究輯刊 二六編；第 10 冊）
ISBN 978-986-485-354-0（精裝）
1. 疆域 2. 方志 3. 清代
011.08   107001763

ISBN-978-986-485-354-0

9 789864 853540

古典文獻研究輯刊
二六編 第 十 冊   ISBN：978-986-485-354-0

清帝國本部政區資料輯攷（上）

作　　者　蔡宗虎
主　　編　潘美月　杜潔祥
總 編 輯　杜潔祥
副總編輯　楊嘉樂
編　　輯　許郁翎、王筑　美術編輯　陳逸婷
企劃出版　北京大學文化資源研究中心
出　　版　花木蘭文化事業有限公司
發 行 人　高小娟
聯絡地址　235 新北市中和區中安街七二號十三樓
　　　　　電話：02-2923-1455 ／傳真：02-2923-1452
網　　址　http://www.huamulan.tw 信箱 hml810518@gmail.com
印　　刷　普羅文化出版廣告事業
初　　版　2018 年 3 月
全書字數　177462 字
定　　價　二六編 25 冊（精裝）新台幣 48,000 元

清帝國本部政區資料輯攷(上)

蔡宗虎 著

作者簡介

蔡宗虎，甘肅省平涼市人，二〇〇〇年畢業於哈爾濱工業大學，獲工學學士學位，二〇〇五年畢業於西安交通大學，獲工學碩士學位，爲史地愛好者。

提　　要

　　滿人起自白山黑水而近中華，其人種當崛起之初，尚不失漁獵民族堅執卓絕直樸之優良品行，性質樸而華夷觀念輕，益以中華之文化，故能滿蒙結姻而爲一家，以滿蒙之武力遽而成就清帝國大一統之偉業。當清之盛世，版圖遼闊，本書之目的即爲製作清帝國行政圖之文字資料。於京師，東北三將軍轄區盛京，吉林，黑龍江及新疆，歸化城六廳以及內地十八行省直隸，江蘇，安徽，山西，山東，河南，陝西，甘肅，浙江，江西，湖北，湖南，四川，福建，廣東，廣西，雲南，貴州之資料皆以《大清一統志》（嘉慶）爲準攷證昔日之政區。蒙旗分佈於內蒙古，外蒙古，新疆，青海者皆以《皇朝續文獻通攷》爲準，以《理藩院則例》（乾隆內府抄本）及《欽定大清會典》（嘉慶）補充之，錄其方位經緯度。土司名號見於四川，廣西，雲南，貴州，甘肅，青海，西藏七大政區者亦據各種資料以攷證之。清時期之西藏政區非內地之郡縣制，亦非蒙族之盟旗制，乃爲西藏傳統之宗制，亦存眾多統屬關係各異之部落，國人囿於漢人史學之傳統研究多不符實際，本書多所著墨。此外於清朝末期政區調整者若東北三省及新疆臺灣之建省，西康改土歸流皆及之。

自　序

　　今日中國之版圖乃繼承自大清帝國，滿人起自白山黑水而近中華，其人種當崛起之初，尚不失漁獵民族堅執卓絕直撲之優良品行，性質樸而華夷觀念輕，益以中華之文化，故能滿蒙結姻而爲一家，以滿蒙之武力遽而成就清帝國大一統之偉業，萬民一家，堪稱中國之盛世，其之後人，當爲光榮感激之。及至入關既久，漢人儒弱浮華之惡習薰沾既沉，漸失民族之活力，以至積弱不振，洎至清末，西方工業革命起，遂爲刀俎，喪地失土，幾至國之不國，斯爲國恥。

　　當清之盛世，版圖廣而政治日漸完臻，漢人之區乃承襲中華傳統之郡縣制。遼闊之蒙古以滿人特創之八旗制而統之，分旗設盟，定其牧場，以絕游牧民族無窮之內爭。東北鎮以三將軍。新疆，西藏設將軍大臣統之而兼用本地之豪族，大喇嘛。其餘非漢族之民族區域雖廣設土司而於桀驁不馴者遽行改流，故而湖廣已無土司之名，土司之輒敢爲亂者少，誠爲中國歷史以來之偉業。

　　當滿人入關之初，尚無漢人保守自大之惡習，故能接納西人之自然科學，於天文曆法採西方之曆法，於地理亦採西方傳教士之知識，經緯度之制亦推而用於地圖之繪製，至有《皇輿全覽圖》（康熙），《十三排圖》（雍正）及《大清一統輿圖》（乾隆）之成就，誠爲中國地圖繪製史之盛舉。

　　然近代以來科學日進千里，當日地圖之精準與今日較已非可同日而語，然至今日尚無堪稱理想之清帝國現代輿圖，譚其驤先生主編之《中國歷史地圖集》集眾多之大家，耗時亦久，堪稱巨著，然受環境之約束，既多史實不符者，及至今日地圖之釋文僅出東北之一部，有圖無文，實爲缺憾。吾於工

作之餘喜讀清史，常感於地理之蒙昧不清，故而不揣譾陋，萌整理清帝國政區資料之念，遂而整理之，然僅擇行省之道府州縣，蒙族之盟旗，西藏之宗，土司，部落之大者錄而攷其方位，其餘之細者非吾智識所可及也。吾非專業於此，僅爲愛好，知識固陋，錯謬必多，尙祈讀者見諒，倘稍有助於讀者之便即吾之願已足矣。

公元二〇一六年七月十五日

目次

凡　例

　　一、本書之目的爲製作清帝國行政圖之文字資料，故史料均採集自嚴肅之官私文獻，野史雜說概棄而不錄。

　　二、本書清帝國之版圖以《大清一統志》（嘉慶）爲基礎，該書之資料止於嘉慶二十五年，故本書材料之取捨皆以此時期爲斷，資料闕如嚴重者以年限爲近者補之。

　　三、採用之書籍皆本其原名，書同名而朝代有別者以朝代區別之，若《大清一統志》（嘉慶）不用《嘉慶重修一統志》名。《皇朝續文獻通攷》不用《清朝續文獻通攷》名，以期恢復史籍之原貌。

　　四、京師。東北三將軍轄區盛京，吉林，黑龍江。新疆，歸化城六廳以及內地十八行省直隸，江蘇，安徽，山西，山東，河南，陝西，甘肅，浙江，江西，湖北，湖南，四川，福建，廣東，廣西，雲南，貴州之資料皆以《大清一統志》（嘉慶）爲準，《大清一統志》（嘉慶）闕略者以《皇朝續文獻通攷》補之。

　　五、清代之蒙旗分佈於內蒙古，外蒙古，新疆，青海者皆以《皇朝續文獻通攷》爲準，以《理藩院則例》（乾隆朝內府抄本）及《欽定大清會典》（嘉慶）補充之。

　　六、清代以土司名號見於各大政區者爲四川，廣西，雲南，貴州，甘肅，青海，西藏七大政區。《大清一統志》（嘉慶）錄有土司者爲四川，廣西，雲南，貴州四省，此四省之土司即以《大清一統志》（嘉慶）爲準，闕略者以《皇朝續文獻通攷》補之。甘肅，青海，西藏三大政區之土司《大清一統志》（嘉慶）未錄，以《欽定大清會典事例》（嘉慶）爲準，以其他之資料校補

之，見錄於地方志乘而未載於清廷檔冊者概棄而不錄。

七、四川之土司《大清一統志》（嘉慶）錄入者以長官司止，低微之土司概棄之，尤以通青海西藏之要地松潘鎮爲最，本書據《四川通志》（乾隆）《四川通志》（嘉慶）本補松潘鎮所屬之果洛三土司，果洛三土司僅爲千百戶而已，所以補者，蓋因此三果洛土司非特佔據廣大之地區，且搶風甚熾，甚礙蒙藏二族交通及西藏交通內地者甚劇，屢見諸於史籍故也。

八、土司之列入者不論官秩之尊卑，原則上皆以相互獨立之第一級土司名號列之，一級土司轄下之土司皆不列焉，特例者雲南省車裏宣慰使司轄下之十二版納列出之，蓋因清季末年此十二版納中有爲西方列強割裂入外國者也。

九、清時期之西藏政區非內地之郡縣制，亦非蒙族之盟旗制，乃爲西藏傳統之宗制，康熙，乾隆，嘉慶三朝之《大清一統志》，《皇朝續文獻通攷》及《清史稿》地理志皆以城名之，雖城間有與宗重複者，然終非西藏政區之史實，故以《欽定理藩部則例》（光緒）所錄西藏之宗爲準，班禪轄下之宗《欽定理藩部則例》（光緒）闕如，以《清史稿》職官志所載補之。城與宗非同一者，以《大清一統志》（嘉慶）爲準補入之。

十、清時期西藏轄有眾多之部落，《大清一統志》（嘉慶）錄而不全者以《衛藏通志》補充之，此眾多之部落，由於宗教之關係，有以喇嘛掌政者，名之呼圖克圖地，以俗人掌政者從俗稱之爲部落也。

十一、西藏之部落亦如土司例僅列相互獨立之第一級部落名，牧區之宗如哈喇烏蘇宗轄下之部落不列焉。特例者乃爲拉達克，布魯克巴，哲孟雄，波密四部落。拉達克，哲孟雄清末爲外人侵之而去，布魯克巴爲外人牢籠之而指爲獨立之國，而國人於其地往往矇昧無知，資料亦闕略之，今僅就所知者簡爲列出屬下之地名。

十二、青海轄下之四十族土司與西藏轄下之三十九族土司合稱南稱巴彥七十九族，爲介居於青藏間廣大牧區之藏民部落，清廷敕封爲土司而羈縻之，部落間之兼併頻仍，及至清道咸以來青海四十族竟合爲二十五族者而見諸政府檔冊，而此七十九族土司資料闕略甚鉅，故以清末及中共建政初之資料攷證其之方位，此雖難稱準確，然亦無可如何之策也。

十三、清末西方帝國主義之列強侵略甚劇，往往喪地千里，一次之喪地幾埒於西方之一國，國土日蹙，清帝國亟思補牢之策，故有東三省馳禁而設

省，趙爾豐川邊武力改土歸流，欲設省雖未成而郡縣實多設之。新疆，臺灣亦設省，雖與本書嘉慶二十五年之政區有別，亦錄之而攷其方位處所，以爲政區沿革之資料。

　　十四、以上各政區，除蒙旗外皆攷證其之具體位置。蒙旗之位置則以《皇朝續文獻通攷》所載札薩克駐地或經緯度爲準，所注意者《皇朝續文獻通攷》所載經緯度經度則以京師爲零度也，此與今日之經度異，緯度則同。然校之今日之經緯度，《皇朝續文獻通攷》所載經緯度經度與今之數據不符，僅可作爲資料以錄之。

　　十五、各政區所攷證之位置皆以中國大陸星球出版社出版之《軍民兩用分省系列交通地圖冊》（北京・2011）各省區地圖爲準，該系列地圖冊闕如之臺灣地圖則以中國大陸星球地圖出版社出版之《中國分省系列地圖集》（北京・2009）臺灣地圖爲據，其餘所參稽之地圖皆於文中注明之。

《大清一統志》（嘉慶）

一、京　師

《大清一統志》（嘉慶）卷一至四

京師	北京市

二、直隸統部

《大清一統志》（嘉慶）卷五至五十六

直　隸　統　部	今　地　攷
凡府十一，直隸州六	《皇朝續文獻通攷》除京師外，凡領府十一，直隸廳三，直隸州七，散廳一，散州十二，縣一百有九
1）順天府	《皇朝續文獻通攷》順天府府署在安定門內靈椿坊。 明清北京順天府位於今北京安定門交道口西北，鼓樓東大街北，其基址的主要部份現爲北京市教育學院東城分院校園
今領州五，縣十九	
〔1〕大興縣	附郭，北京市大興區
〔2〕宛平縣	北京市地安門西大街東官房
〔3〕良鄉縣	北京市房山區良鄉地區
〔4〕固安縣	河北省固安縣
〔5〕永清縣	河北省永清縣
〔6〕東安縣	河北省廊坊市安次區仇莊鄉光榮村
〔7〕香河縣	河北省香河縣

直　隸　統　部	今　地　攷
〔8〕通州	北京市通州區
〔9〕三河縣	河北省三河市
〔10〕武清縣	天津市武清區
〔11〕寶坻縣	天津市寶坻區
〔12〕寧河縣	天津市寧河縣
〔13〕昌平州	北京市昌平區
〔14〕順義縣	北京市順義區
〔15〕密雲縣	北京市密雲縣
〔16〕懷柔縣	北京市懷柔區
〔17〕涿州	河北省涿州市
〔18〕房山縣	北京市房山區
〔19〕霸州	河北省霸州市
〔20〕文安縣	河北省文安縣
〔21〕大城縣	河北省大城縣
〔22〕保定縣	河北省文安縣新鎮鎮
〔23〕薊州	天津市薊縣
〔24〕平谷縣	北京市平谷區
2）保定府	
今領州二，縣十五	《皇朝續文獻通攷》道光十二年裁所屬之新安縣併入安州，今爲州判駐所，凡領州二，縣十四
〔25〕清苑縣	附郭，河北省保定市
〔26〕滿城縣	河北省滿城縣
〔27〕安肅縣	河北省徐水縣
〔28〕定興縣	河北省定興縣
〔29〕新城縣	河北省高碑店市
〔30〕唐縣	河北省唐縣
〔31〕博野縣	河北省博野縣
〔32〕望都縣	河北省望都縣
〔33〕容城縣	河北省容城縣
〔34〕完縣	河北省順平縣
〔35〕蠡縣	河北省蠡縣
〔36〕雄縣	河北省雄縣
〔37〕祁州	河北省安國市
〔38〕束鹿縣	河北省辛集市
〔39〕安州	河北省安新縣安州鎮

直　隸　統　部	今　地　攷
〔40〕高陽縣	河北省高陽縣
〔41〕新安縣	河北省安新縣
3）永平府	
今領州一，縣六	
〔42〕盧龍縣	附郭，河北省盧龍縣
〔43〕遷安縣	河北省遷安市
〔44〕撫寧縣	河北省撫寧縣
〔45〕昌黎縣	河北省昌黎縣
〔46〕灤州	河北省灤縣
〔47〕樂亭縣	河北省樂亭縣
〔48〕臨榆縣	河北省秦皇島市
4）河間府	
今領州一，縣十	
〔49〕河間縣	附郭，河北省河間市
〔50〕獻縣	河北省獻縣
〔51〕阜城縣	河北省阜城縣
〔52〕肅寧縣	河北省肅寧縣
〔53〕任邱縣	河北省任丘市
〔54〕交河縣	河北省滄州市交河鎮
〔55〕寧津縣	山東省寧津縣
〔56〕景州	河北省景縣
〔57〕吳橋縣	河北省吳橋縣
〔58〕東光縣	河北省東光縣
〔59〕故城縣	河北省故城縣故城鎮
5）天津府	
今領州一，縣六	
〔60〕天津縣	附郭，天津市
〔61〕靜海縣	天津市靜海縣
〔62〕青縣	河北省青縣
〔63〕滄州	河北省滄州市
〔64〕南皮縣	河北省南皮縣
〔65〕鹽山縣	河北省鹽山縣
〔66〕慶雲縣	山東省慶雲縣
6）正定府	

直　隸　統　部	今　地　攷
今領州一，縣十三	
〔67〕正定縣	附郭，河北省正定縣
〔68〕井陘縣	河北省井陘縣天長鎮
〔69〕獲鹿縣	河北省鹿泉市
〔70〕元氏縣	河北省元氏縣
〔71〕靈壽縣	河北省靈壽縣
〔72〕欒城縣	河北省欒城縣
〔73〕平山縣	河北省平山縣
〔74〕阜平縣	河北省阜平縣
〔75〕行唐縣	河北省行唐縣
〔76〕贊皇縣	河北省贊皇縣
〔77〕晉州	河北省晉州市
〔78〕無極縣	河北省無極縣
〔79〕藁城縣	河北省藁城市
〔80〕新樂縣	河北省新樂市承安鎮
7）順德府	
領縣九	
〔81〕邢臺縣	附郭，河北省邢臺市
〔82〕沙河縣	河北省沙河市沙河城鎮
〔83〕南和縣	河北省南和縣
〔84〕平鄉縣	河北省平鄉縣
〔85〕鉅鹿縣	河北省鉅鹿縣
〔86〕廣宗縣	河北省廣宗縣
〔87〕唐山縣	河北省隆堯縣隆堯鎮堯城鎮村
〔88〕內邱縣	河北省內丘縣
〔89〕任縣	河北省任縣
8）廣平府	
今領州一，縣九	
〔90〕永年縣	附郭，河北省永年縣廣府鎮
〔91〕曲周縣	河北省曲周縣
〔92〕肥鄉縣	河北省肥鄉縣
〔93〕鷄澤縣	河北省雞澤縣
〔94〕廣平縣	河北省廣平縣
〔95〕邯鄲縣	河北省邯鄲市

直 隸 統 部	今 地 攷
〔96〕成安縣	河北省成安縣
〔97〕威縣	河北省威縣
〔98〕清河縣	河北省清河縣
〔99〕磁州	河北省磁縣
9）大名府	
今領州一，縣六	
〔100〕大名縣	附郭，河北省大名縣
〔101〕元城縣	河北省大名縣
〔102〕南樂縣	河北省南樂縣
〔103〕清豐縣	河北省清豐縣
〔104〕東明縣	山東省東明縣
〔105〕開州	河北省濮陽縣
〔106〕長垣縣	河北省長垣縣
10）宣化府	
今領州三，縣七	《皇朝續文獻通攷》光緒三十年割承德所屬之圍場廳遙領於府，凡領廳一，州三，縣七。 圍場廳：初名木蘭，爲田獵講武之地，光緒二年設廳於今城南八十里二道溝地方，十四年移今治，北緯四十二度八分，東經一度五十分。光緒二年設於河北省圍場縣新地鄉二道溝，十四年移至圍場縣圍場鎮。 口北三廳： 張家口廳：國朝置鑲黃四旗牧場，太僕寺左翼牧場，康熙十四年分遷義州察哈爾部人於口外，三十二年設萬全縣丞，雍正二年增設理事同知，察哈爾都統及副將並駐焉。光緒七年改爲撫民同知。今河北省張家口市。 獨石口廳：國朝康熙中設赤城縣丞，口外太僕寺牧場與察哈爾部雜居焉，雍正十二年增設理事同知，光緒七年改爲撫民同知。今河北省赤城縣獨石口鎮。 多倫諾爾廳：國初置上駟院牧場，廳西南一百六十里波羅城，康熙十四年分居察哈爾各旗，雍正十年增設理事同知，光緒七年改撫民同知。今內蒙古多倫縣。
〔107〕宣化縣	附郭，河北省宣化縣
〔108〕赤城縣	河北省赤城縣
〔109〕萬全縣	河北省萬全縣萬全鎮
〔110〕龍門縣	河北省赤城縣龍關鎮
〔111〕懷來縣	河北省懷來縣官廳水庫淹沒區
〔112〕蔚州	河北省蔚縣

直　隸　統　部	今　地　攷
〔113〕西寧縣	河北省陽原縣
〔114〕懷安縣	河北省懷安縣
〔115〕延慶州	北京市延慶縣
〔116〕保安州	河北省涿鹿縣
11）承德府	河北省承德市
今領州一，縣五	《皇朝續文獻通攷》光緒二年於木蘭新置圍場廳，三十年改隸於宣化府，同年新置隆化縣，升朝陽縣為府，而以建昌縣屬焉，三十三年升赤峰縣為直隸州，凡領州一，縣三。 隆化縣：河北省隆化縣 朝陽府，本承德府屬縣，光緒三十年升府，與承德同轄於熱河道，除建昌外又新置阜新，建平，綏東三縣屬之，凡領縣四。 阜新縣：今遼寧省阜新市，建制初縣址位於今內蒙古奈曼旗青龍山鎮境內 建平縣：遼寧省建平縣建平鎮，縣城住址已於一九五四年七月遷迻刀葉柏壽，但仍襲用建平縣名。 綏東縣：內蒙古庫倫旗庫倫鎮 赤峰州，乾隆中設烏蘭哈達廳，後改赤峰縣，屬承德府，光緒三十三年升直隸州，並新置開魯，林西，經棚三縣屬之，凡領縣三。 開魯縣：內蒙古開魯縣 林西縣：內蒙古林西縣林西鎮 經棚縣：內蒙古克什克騰旗經棚鎮
〔117〕灤平縣	河北省灤平縣
〔118〕豐寧縣	河北省豐寧縣鳳山鎮
〔119〕平泉州	河北省平泉縣。《皇朝續文獻通攷》作平泉縣
〔120〕赤峰縣	內蒙古赤峰市
〔121〕建昌縣	遼寧省凌源市
〔122〕朝陽縣	遼寧省朝陽市
圍場附，木蘭圍場	河北省圍場縣 《皇朝續文獻通攷》圍場廳：初名木蘭，為田獵講武之地，光緒二年設廳於今城南八十里二道溝地方，十四年移今治，北緯四十二度八分，東經一度五十分。光緒二年設於河北省圍場縣新地鄉二道溝，十四年移至圍場縣圍場鎮。
12）遵化州	河北省遵化市
領縣二	
〔123〕玉田縣	河北省玉田縣

直　隸　統　部	今　地　攷
〔124〕豐潤縣	河北省唐山市豐潤區
13）易州	河北省易縣
領縣二	
〔125〕淶水縣	河北省淶水縣
〔126〕廣昌縣	河北省淶源縣
14）冀州	河北省冀州市
領縣五	
〔127〕南宮縣	河北省南宮市
〔128〕新河縣	河北省新河縣
〔129〕棗強縣	河北省棗強縣
〔130〕武邑縣	河北省武邑縣
〔131〕衡水縣	河北省衡水市
15）趙州	河北省趙縣
領縣五	
〔132〕柏鄉縣	河北省柏鄉縣
〔133〕隆平縣	河北省隆堯縣
〔134〕高邑縣	河北省高邑縣
〔135〕臨城縣	河北省臨城縣
〔136〕寧晉縣	河北省寧晉縣
16）深州	河北省深州市
領縣三	
〔137〕武強縣	河北省武強縣
〔138〕饒陽縣	河北省饒陽縣
〔139〕安平縣	河北省安平縣
17）定州	河北省定州市
領縣二	
〔140〕深澤縣	河北省深澤縣
〔141〕曲陽縣	河北省曲陽縣

三、盛京統部

　　清季東北地區爲滿清發祥之所，於設省之先，雖盛京將軍轄區有府縣之設，然就整個東北地區言之，則以武職駐防爲主。盛京，吉林，黑龍江設府縣之地皆以府縣標注之，其餘駐防之地亦作政區，以駐防標注之。

奉　天

《大清一統志》（嘉慶）卷五十七至六十六

奉　天	今　地　攷
州縣	
1）興京	遼寧省新賓縣永陵鎮老城村，乾隆二十八年以錦州理事通判移駐，故應作廳標注之。
2）奉天府	
今領州二，縣六，廳三，錦州府州縣皆隸焉	
〔1〕承德縣	附郭，遼寧省瀋陽市
〔2〕遼陽州	遼寧省遼陽市
〔3〕海城縣	遼寧省海城市
〔4〕蓋平縣	遼寧省蓋州市
〔5〕寧海縣	遼寧省大連市金州區
〔6〕開原縣	遼寧省開原市老城街道
〔7〕鐵嶺縣	遼寧省鐵嶺市
〔8〕復州	遼寧省瓦房店市復州城鎮
〔9〕新民廳	遼寧省新民市
〔10〕岫巖廳	遼寧省岫巖縣
〔11〕昌圖廳	遼寧省昌圖縣老城鎮
3）錦州府	
今領州二，縣二	
〔1〕錦縣	附郭，遼寧省錦州市
〔2〕寧遠州	遼寧省興城市
〔3〕廣寧縣	遼寧省廣寧縣
〔4〕義州	遼寧省義縣

奉　　天	今　地　攷
奉天文職官	
戶部侍郎一員	非政區，不列之
禮部侍郎一員	非政區，不列之
兵部侍郎一員	非政區，不列之
刑部侍郎一員	非政區，不列之
工部侍郎一員	非政區，不列之
大政殿六品官一員	非政區，不列之
總管內務府大臣一員	非政區，不列之
兼管奉天府府尹事務一員	非政區，不列之
錦州府知府一員	非政區，不列之
奉天將軍衙門主事一員	非政區，不列之
永陵總管衙門筆帖式四員	非政區，不列之
福陵總管衙門筆帖式四員	非政區，不列之
昭陵總管衙門筆帖式四員	非政區，不列之
奉天武職官	
奉天將軍一員，副都統一員	與州縣重複，不復列
內務府佐領三員	非政區，不列之
永陵總管一員	非政區，不列之
福陵總管一員	非政區，不列之
昭陵總管一員	非政區，不列之
懿靖大貴妃園寢守護首領二員	非政區，不列之
興京城守尉一員	與州縣重複，不復列
遼陽城守尉一員	與州縣重複，不復列
牛莊四品協領一員	遼寧省海城市牛莊鎮
開原城守尉一員	與州縣重複，不復列
鐵嶺防禦四員	與州縣重複，不復列
撫順防禦四員	遼寧省撫順市
以上興京等六駐防，均隸奉天副都統管轄，將軍統轄	
熊岳副都統一員	遼寧省營口市鮁魚圈區熊岳鎮
蓋平四品協領一員	與州縣重複，不復列
復州城守尉一員	與州縣重複，不復列
寧海城守尉一員	與州縣重複，不復列
旅順水師營協領一員	遼寧省大連市旅順口區水師營街道

奉　天	今　地　攷
岫巖城守尉一員	與州縣重複，不復列
鳳凰城守尉一員	遼寧省鳳城市
以上蓋平等六駐防，均隸熊岳副都統管轄，奉天將軍統轄	
錦州副都統一員	與州縣重複，不復列
小凌河佐領二員	遼寧省凌海市松山街道水手營子村，後遷徙至遼寧省凌海市雙羊鎮紫荊村舊站屯
寧遠州佐領二員	與州縣重複，不復列
中前所佐領二員	遼寧省綏中縣前所鎮《中國歷史地圖集釋文匯編　東北卷》頁三〇二
中後所佐領二員	遼寧省綏中縣綏中鎮《中國歷史地圖集釋文匯編　東北卷》頁三〇二
以上小凌河等四駐防，均隸錦州副都統管轄，奉天將軍統轄	
廣寧四品協領一員	與州縣重複，不復列
廣寧駐防，隸錦州副都統管轄，奉天將軍統轄	
巨流河佐領二員	遼寧省新民市城郊鄉巨流河村
白旗堡佐領二員	遼寧省新民市大紅旗鎮
小黑山佐領二員	遼寧省黑山縣黑山鎮
閭陽驛佐領二員	遼寧省北鎮市閭陽鎮
以上巨流河等四駐防，均隸廣寧協領兼轄，奉天將軍統轄	
義州城守尉一員	與州縣重複，不復列
義州駐防，隸錦州副都統管轄，奉天將軍統轄	
興京等處邊門防禦十六員	
興京，鹼廠，英莪，威遠堡，鳳凰城，愛哈各一員，發庫，彰武臺，白土廠，清河，九官臺，松嶺子，新臺，梨樹溝，白石嘴，明水堂各一員	
大凌河牧群總管一員	遼寧省凌海市
養息牧河牧場總管一員	遼寧省彰武縣
陳蘇魯克翼長三員，新蘇魯克牧長一員	養息牧場原名蘇魯克《中國歷史地圖集東北資料彙編》頁三一四

吉 林

《大清一統志》（嘉慶）卷六十七至七十。

吉　林	今　地　攷
吉林文職官	
吉林將軍衙門主事一員	非政區，不列之
吉林理事同知一員	非政區，不列之
長春廳理事通判一員	吉林省長春市淨月經濟開發區新立城鎮小街南側
寧古塔筆帖式四員	非政區，不列之
白都訥筆帖式四員	非政區，不列之
白都訥廳理事同知一員 舊爲長寧縣，設知縣典吏，乾隆二年裁縣，改設州同，十二年裁州同並典吏，改設巡檢一員，二十六年裁巡檢，改設辦理蒙古事務委署主事一員，嘉慶十五年裁委署主事，改設理事同知	吉林省扶餘縣
三姓筆帖式四員	非政區，不列之
阿勒楚喀筆帖式六員	非政區，不列之
打牲烏拉筆帖式二員	非政區，不列之
拉林倉官一員	非政區，不列之
雙城堡筆帖式八員	非政區，不列之
吉林武職官	
吉林將軍一員，副都統一員	吉林省吉林市
寧古塔副都統一員	黑龍江省寧安市
白都訥副都統一員	吉林省扶餘縣
三姓副都統一員	黑龍江省依蘭縣
阿勒楚喀副都統一員	黑龍江省哈爾濱市阿城區
打牲烏拉協領一員	吉林省吉林市烏拉街鎮
伊屯佐領二員	吉林省伊通縣
鄂摩和索羅佐領一員	吉林省敦化市額穆鎮
以上打牲烏拉等三駐防，均隸吉林副都統管轄，吉林將軍統轄	
琿春協領一員	吉林省琿春市
琿春駐防寧古塔副都統管轄，吉林將軍統轄	
拉林協領一員	黑龍江省五常市拉林鎮
雙城堡協領一員	黑龍江省雙城市
以上拉林等二駐防，均隸阿勒楚喀副都統管轄，吉	

吉　林	今　地　攷
林將軍統轄	
伊屯等處邊門防禦四員	
伊屯,克爾素,布爾德庫蘇巴爾罕,法特哈,各一員,均隸吉林將軍管轄	

黑龍江

《大清一統志》（嘉慶）卷七十一

黑　龍　江	今　地　攷
黑龍江文職官	
黑龍江將軍衙門主事一員	非政區,不列之
墨爾根筆帖式四員	非政區,不列之
黑龍江筆帖式四員	非政區,不列之
呼倫布雨爾隨關關防筆帖式九員	非政區,不列之
呼蘭筆帖式二員	非政區,不列之
布特哈隨關關防筆帖式八員	非政區,不列之
黑龍江武職官	
黑龍江將軍一員,副都統一員	黑龍江齊齊哈爾市
墨爾根副都統一員	黑龍江省嫩江縣
黑龍江副都統一員	黑龍江省黑河市愛輝鎮 舊瑷琿城由城守尉守之《中國歷史地圖集釋文匯編東北卷》
呼倫布雨爾副都統銜總管一員 索倫巴勒瑚總管二員 新巴勒瑚總管二員 兀魯特總管一員	內蒙古呼倫貝爾市
呼蘭城守尉一員	黑龍江省哈爾濱市呼蘭區
布特哈滿洲總管一員 索倫達呼爾總管二員 索倫達呼爾馬步鄂倫春佐領九十七員	內蒙古莫力達瓦達斡爾族旗尼爾基鎮宜臥奇村

四、江蘇統部

《大清一統志》（嘉慶）卷七十二至一百七

江 蘇 統 部	今 地 攷
領府八，直隸州三，直隸廳一	《皇朝續文獻通攷》本省分置二布政使，江寧布政使領江寧，淮安，揚州，徐州四府，海通二直隸州，海門直隸廳，其下爲散州三，縣三十。江蘇布政使領蘇州，松江，常州，鎮江四府，太倉直隸州，其下爲散廳四，縣三十二
1）江寧府	
今領縣七	
〔1〕上元縣	附郭，江蘇省南京市
〔2〕江寧縣	江蘇省南京市
〔3〕句容縣	江蘇省句容市
〔4〕溧水縣	江蘇省溧水縣
〔5〕江浦縣	江蘇省南京市浦口区
〔6〕六合縣	江蘇省南京市六合区
〔7〕高淳縣	江蘇省高淳縣
2）蘇州府	
領縣九	《皇朝續文獻通攷》舊領廳一，縣九，光緒三十年增置靖湖廳，凡領廳二，縣九
	太湖廳：江蘇省蘇州市吳中區東山鎮
	靖湖廳：光緒三十年增置，江蘇省蘇州市吳中區西山鎮
〔8〕吳縣	附郭，江蘇省蘇州市
〔9〕長洲縣	江蘇省蘇州市
〔10〕元和縣	江蘇省蘇州市
〔11〕崑山縣	江蘇省崑山市
〔12〕新陽縣	江蘇省崑山市
〔13〕常熟縣	江蘇省常熟市
〔14〕昭文縣	江蘇省常熟市
〔15〕吳江縣	江蘇省吳江市
〔16〕震澤縣	江蘇省吳江市
3）松江府	
領縣七，廳一	《皇朝續文獻通攷》舊領縣七，嘉慶十年增置川沙廳，凡領廳一，縣七
〔17〕華亭縣	附郭，上海市松江區

江　蘇　統　部	今　地　攷
〔18〕婁縣	上海市松江區
〔19〕奉賢縣	上海市奉賢區奉城鎮
〔20〕金山縣	上海市金山區
〔21〕上海縣	上海市
〔22〕南滙縣	上海市浦東新區惠南鎮
〔23〕青浦縣	上海市青浦區
〔24〕川沙廳	上海市浦東新區川沙新鎮
4）常州府	
領縣八	
〔25〕武進縣	附郭，江蘇省常州市
〔26〕陽湖縣	江蘇省常州市
〔27〕無錫縣	江蘇省無錫市
〔28〕金匱縣	江蘇省無錫市
〔29〕江陰縣	江蘇省江陰市
〔30〕宜興縣	江蘇省宜興市
〔31〕荊溪縣	江蘇省宜興市
〔32〕靖江縣	江蘇省靖江市
5）鎮江府	
今領縣四	《皇朝續文獻通攷》舊領縣四，光緒三十年增置太平廳，凡領廳一，縣四 太平廳：光緒三十年置江中太平洲，今江蘇省揚中市
〔33〕丹徒縣	附郭，江蘇省鎮江市
〔34〕丹陽縣	江蘇省丹陽市
〔35〕溧陽縣	江蘇省溧陽市
〔36〕金壇縣	江蘇省金壇市
6）淮安府	
領縣六	
〔37〕山陽縣	附郭，江蘇省淮安市
〔38〕阜寧縣	江蘇省阜寧縣
〔39〕鹽城縣	江蘇省鹽城市
〔40〕清河縣	江蘇省淮安市青浦區
〔41〕安東縣	江蘇省漣水縣
〔42〕桃源縣	江蘇省泗陽縣眾興鎮城廂村
7）揚州府	

江 蘇 統 部	今 地 攷
領州二，縣六	
〔43〕江都縣	附郭，江蘇省江都市
〔44〕甘泉縣	江蘇省揚州市
〔45〕儀徵縣	江蘇省儀徵市
〔46〕高郵州	江蘇省高郵市
〔47〕興化縣	江蘇省興化縣
〔48〕寶應縣	江蘇省寶應縣
〔49〕泰州	江蘇省泰州市
〔50〕東臺縣	江蘇省東臺市
8）徐州府	
領州一，縣七	
〔51〕銅山縣	附郭，江蘇省徐州市
〔52〕蕭縣	安徽省蕭縣
〔53〕碭山縣	安徽省碭山縣
〔54〕豐縣	江蘇省豐縣
〔55〕沛縣	江蘇省沛縣棲山鎮
〔56〕邳州	江蘇省邳州市
〔57〕宿遷縣	江蘇省宿遷市
〔58〕睢寧縣	江蘇省睢寧縣
9）太倉州	
領縣四	
〔59〕鎮洋縣	附郭，江蘇省太倉市
〔60〕崇明縣	上海市崇明縣
〔61〕嘉定縣	上海市嘉定區
〔62〕寶山縣	上海市寶山區
10）海州	江蘇省連雲港市
領縣二	
〔63〕贛榆縣	江蘇省贛榆縣贛馬鎮
〔64〕沭陽縣	江蘇省沭陽縣
11）通州	江蘇省南通市
領縣二	
〔65〕如皋縣	江蘇省如皋市
〔66〕泰興縣	江蘇省泰興市
12）海門廳	江蘇省海門市

五、安徽統部

《大清一統志》（嘉慶）卷一百八至一百三十四

安 徽 統 部	今 地 攷
領府八，州五	《皇朝續文獻通攷》舊領府八，直隸州五，散州四，縣五十，同治三年增置渦陽縣，今凡府衙八，直隸州五，散州四，縣五十一
1）安慶府	
領縣六	
〔1〕懷寧縣	附郭，安徽省安慶市
〔2〕桐城縣	安徽省桐城市
〔3〕潛山縣	安徽省潛山縣
〔4〕太湖縣	安徽省太湖縣
〔5〕宿松縣	安徽省宿松縣
〔6〕望江縣	安徽省望江縣
2）徽州府	
領縣六	
〔7〕歙縣	附郭，安徽省歙縣
〔8〕休寧縣	安徽省休寧縣
〔9〕婺源縣	江西省婺源縣
〔10〕祁門縣	安徽省祁門縣
〔11〕黟縣	安徽省黟縣
〔12〕績溪縣	安徽省績溪縣
3）寧國府	
領縣六	
〔13〕宣城縣	附郭，安徽省宣城市
〔14〕涇縣	安徽省涇縣
〔15〕南陵縣	安徽省南陵縣
〔16〕寧國縣	安徽省寧國市
〔17〕旌德縣	安徽省旌德縣
〔18〕太平縣	安徽省黃山市黃山區仙源鎮
4）池州府	
領縣六	
〔19〕貴池縣	附郭，安徽省池州市
〔20〕青陽縣	安徽省青陽縣
〔21〕銅陵縣	安徽省銅陵市
〔22〕石埭縣	安徽省黃山市黃山區太平湖淹沒區

安徽統部	今　地　攷
〔23〕建德縣	安徽省東至縣堯渡鎮梅城村
〔24〕東流縣	安徽省東至縣東流鎮
5）太平府	
領縣三	
〔25〕當塗縣	附郭，安徽省當塗縣
〔26〕蕪湖縣	安徽省蕪湖市
〔27〕繁昌縣	安徽省繁昌縣
6）盧州府	
領州一，縣四	
〔28〕合肥縣	附郭，安徽省合肥市
〔29〕廬江縣	安徽省廬江縣
〔30〕舒城縣	安徽省舒城縣
〔31〕無爲州	安徽省無爲縣
〔32〕巢縣	安徽省巢湖市
7）鳳陽府	
領州二，縣五	
〔33〕鳳陽縣	附郭，安徽省鳳陽縣
〔34〕懷遠縣	安徽省懷遠縣
〔35〕定遠縣	安徽省定遠縣
〔36〕壽州	安徽省壽縣
〔37〕鳳臺縣	安徽省壽縣
〔38〕宿州	安徽省宿州市
〔39〕靈璧縣	安徽省靈璧縣
8）穎州府	
領州一，縣五	《皇朝續文獻通攷》舊領州一，縣五，同治三年增置渦陽縣，凡領州一，縣六 渦陽縣，同治三年增置渦陽縣，今安徽省渦陽縣
〔40〕阜陽縣	附郭，安徽省阜陽市
〔41〕穎上縣	安徽省穎上縣
〔42〕霍邱縣	安徽省霍邱縣
〔43〕亳州	安徽省亳州市
〔44〕太和縣	安徽省太和縣
〔45〕蒙城縣	安徽省蒙城縣
9）滁州	安徽省滁州市

安　徽　統　部	今　地　攷
領縣二	
〔46〕全椒縣	安徽省全椒縣
〔47〕來安縣	安徽省來安縣
10）和州	安徽省和縣
領縣一	
〔48〕含山縣	安徽省含山縣
11）廣德州	安徽省廣德縣
領縣一	
〔49〕建平縣	安徽省郎溪縣
12）六安州	安徽省六安市
領縣二	
〔50〕英山縣	湖北省英山縣
〔51〕霍山縣	安徽省霍山縣
13）泗州	安徽省泗縣
領縣三	
〔52〕盱眙縣	江蘇省盱眙縣
〔53〕天長縣	安徽省天長市
〔54〕五河縣	安徽省五河縣

六、山西統部

《大清一統志》（嘉慶）卷一百三十五至卷一百五十九

山 西 統 部	今 地 攷
領府九，直隸州十，廳六	《皇朝續文獻通攷》凡領府九，直隸州十，廳十一，散州六，縣八十五
1）太原府	
領州一，縣十	
〔1〕陽曲縣	附郭，山西省太原市
〔2〕太原縣	山西省太原市晉源區
〔3〕榆次縣	山西省晉中市榆次區
〔4〕太谷縣	山西省太谷縣
〔5〕祁縣	山西省祁縣
〔6〕徐溝縣	山西省清徐縣徐溝鎮
〔7〕交城縣	山西省交城縣
〔8〕文水縣	山西省文水縣
〔9〕岢嵐州	山西省岢嵐縣
〔10〕嵐縣	山西省嵐縣嵐城鎮
〔11〕興縣	山西省興縣
2）平陽府	
領州一，縣十	
〔12〕臨汾縣	附郭，山西省臨汾市
〔13〕洪洞縣	山西省洪洞縣
〔14〕浮山縣	山西省浮山縣
〔15〕岳陽縣	山西省古縣
〔16〕曲沃縣	山西省曲沃縣
〔17〕翼城縣	山西省翼城縣
〔18〕太平縣	山西省襄汾縣汾城鎮
〔19〕襄陵縣	山西省襄汾縣襄陵鎮
〔20〕汾西縣	山西省汾西縣
〔21〕鄉寧縣	山西省鄉寧縣
〔22〕吉州	山西省吉縣
3）蒲州府	
領縣六	

山 西 統 部	今 地 攷
〔23〕永濟縣	附郭，山西省永濟市蒲州鎮
〔24〕臨晉縣	山西省臨猗縣臨晉鎮
〔25〕虞鄉縣	山西省永濟市虞鄉鎮
〔26〕榮河縣	山西省萬榮縣榮河鎮
〔27〕萬泉縣	山西省萬榮縣萬泉鄉
〔28〕猗氏縣	山西省臨猗縣
4）潞安府	
領縣七	
〔29〕長治縣	附郭，山西省長治市
〔30〕長子縣	山西省長子縣
〔31〕屯畱縣	山西省屯留縣
〔32〕襄垣縣	山西省襄垣縣
〔33〕潞城縣	山西省潞城市
〔34〕壺關縣	山西省壺關縣
〔35〕黎城縣	山西省黎城縣
5）汾州府	
領州一，縣七	
〔36〕汾陽縣	附郭，山西省汾陽市
〔37〕孝義縣	山西省孝義市
〔38〕平遙縣	山西省平遙縣
〔39〕介休縣	山西省介休市
〔40〕石樓縣	山西省石樓縣
〔41〕臨縣	山西省臨縣
〔42〕永寧州	山西省呂梁市離石區
〔43〕寧鄉縣	山西省中陽縣
6）澤州府	
領縣五	
〔44〕鳳臺縣	附郭，山西省晉城市
〔45〕高平縣	山西省高平市
〔46〕陽城縣	山西省陽城縣
〔47〕陵川縣	山西省陵川縣
〔48〕沁水縣	山西省沁水縣
7）大同府	
領廳一，州二，縣七	
〔49〕大同縣	附郭，山西省大同市
〔50〕豐鎮廳	內蒙古豐鎮市

山 西 統 部	今 地 攷
〔51〕懷仁縣	山西省懷仁縣
〔52〕渾源州	山西省渾源縣
〔53〕應州	山西省應縣
〔54〕山陰縣	山西省山陰縣古城鎮
〔55〕陽高縣	山西省陽高縣
〔56〕天鎮縣	山西省天鎮縣
〔57〕廣靈縣	山西省廣靈縣
〔58〕靈邱縣	山西省靈丘縣
8）寧武府	
領縣四	
〔59〕寧武縣	附郭，山西省寧武縣
〔60〕偏關縣	山西省偏關縣
〔61〕神池縣	山西省神池縣
〔62〕五寨縣	山西省五寨縣
9）朔平府	
領廳一，州一，縣四〔註1〕	
〔63〕右玉縣	附郭，山西省右玉縣右衛鎮
〔64〕寧遠廳	內蒙古涼城縣永興鎮
〔65〕左雲縣	山西省左雲縣
〔66〕平魯縣	山西省朔州市平魯區鳳凰城鎮
〔67〕朔州	山西省朔州市
10）平定州	山西省平定縣
領縣二	
〔68〕孟縣	山西省孟縣
〔69〕壽〔註2〕陽縣	山西省壽陽縣
11）忻州	山西省忻州市
領縣二	
〔70〕定襄縣	山西省定襄縣
〔71〕靜樂縣	山西省靜樂縣
12）代州	山西省代縣
領縣三	
〔72〕五臺縣	山西省五臺縣
〔73〕崞縣	山西省原平市崞陽鎮

〔註 1〕原文載朔平府屬縣四，然僅列三縣，第四縣當爲馬邑縣，該縣嘉慶元年併入
朔州，故實屬縣三。

〔註 2〕原文誤作青陽縣，今改正。

山 西 統 部	今 地 攷
〔74〕繁峙縣	山西省繁峙縣
13）保德州	山西省保德縣
領縣一	
〔75〕河曲縣	山西省河曲縣
14）霍州	山西省霍州市
領縣二	
〔76〕趙城縣	山西省洪洞縣趙城鎮
〔77〕靈石縣	山西省靈石縣
15）解州	山西省運城市鹽湖區解州鎮
領縣四	
〔78〕安邑縣	山西省運城市安邑鎮
〔79〕夏縣	山西省夏縣
〔80〕平陸縣	山西省平陸縣張村鎮太陽渡村
〔81〕芮城縣	山西省芮城縣
16）絳州	山西省新絳縣
領縣五	
〔82〕垣曲縣	山西省垣曲縣古城鎮
〔83〕聞喜縣	山西省聞喜縣
〔84〕絳縣	山西省絳縣
〔85〕稷山縣	山西省稷山縣
〔86〕河津縣	山西省河津市
17）隰州	山西省隰縣
領縣三	
〔87〕大寧縣	山西省大寧縣
〔88〕蒲縣	山西省蒲縣
〔89〕永和縣	山西省永和縣
18）沁州	山西省沁縣
領縣二	
〔90〕沁源縣	山西省沁源縣
〔91〕武鄉縣	山西省武鄉縣
19）遼州	山西省左權縣
領縣二	
〔92〕和順縣	山西省和順縣
〔93〕榆社縣	山西省榆社縣

七、歸化城六廳

《大清一統志》（嘉慶）卷一百六十

歸 化 城 六 廳	今 地 攷
歸化城六廳，隸於山西歸綏道	《皇朝文獻通攷》山西省歸綏道，舊領廳七，光緒十年裁併歸化城，綏遠城二同知及歸化城通判爲歸化城廳，同年移大同府之豐鎮，朔平府之寧遠二廳隸之，二十二年增興和廳，二十九年增陶林，武川，五原三廳，三十二年增東勝廳，凡領廳十二。 豐鎮廳：內蒙古豐鎮市 寧遠廳：內蒙古涼城縣永興鎮 興和廳：內蒙古興和縣 陶林廳：內蒙古察哈爾右翼中旗科布爾鎮 武川廳：內蒙古武川縣 五原廳：初治內蒙古烏拉特前旗大佘太鎮，後移治於今五原縣城所在地隆興昌鎮。 東勝廳：內蒙古鄂爾多斯市東勝區，衙署位於羊場壕村
1）歸化城廳	內蒙古呼和浩特市
2）綏遠城廳	內蒙古呼和浩特市。《皇朝續文獻通攷》無
3）托克托城廳	內蒙古托克托縣
4）清水河廳	內蒙古清水河縣
5）薩拉齊廳	內蒙古土默特右旗
6）和林格爾廳	內蒙古和林格爾縣

八、山東統部

《大清一統志》（嘉慶）卷一百六十一至卷一百八十四

山 東 統 部	今 地 攷
共領府十，州二	《皇朝續文獻通攷》舊領府十，直隸州二，散州九，縣九十六，光緒三十年升膠州爲直隸州，凡領府十，直隸州三，散州八，縣九十六
1）濟南府	
領州一，縣十五	
〔1〕歷城縣	附郭，山東省濟南市歷城區
〔2〕章邱縣	山東省章丘市綉惠鎮
〔3〕鄒平縣	山東省鄒平縣
〔4〕淄川縣	山東省淄博市淄川區
〔5〕長山縣	山東省鄒平縣長山鎮
〔6〕新城縣	山東省桓臺縣新城鎮
〔7〕齊河縣	山東省齊河縣
〔8〕齊東縣	山東省鄒平縣臺子鎮
〔9〕濟陽縣	山東省濟陽縣
〔10〕禹城縣	山東省禹城市
〔11〕臨邑縣	山東省臨邑縣
〔12〕長清縣	山東省濟南市長清區
〔13〕陵縣	山東省陵縣
〔14〕德州	山東省德州市
〔15〕德平縣	山東省臨邑縣德平鎮
〔16〕平原縣	山東省平原縣
2）兗州府	
今領縣十	
〔17〕滋陽縣	附郭，山東省兗州市
〔18〕曲阜縣	山東省曲阜市
〔19〕寧陽縣	山東省寧陽縣
〔20〕鄒縣	山東省鄒城市
〔21〕泗水縣	山東省泗水縣
〔22〕滕縣	山東省滕州市
〔23〕嶧縣	山東省棗莊市嶧城區
〔24〕汶上縣	山東省汶上縣

山東統部	今地攷
〔25〕陽谷縣	山東省陽谷縣
〔26〕壽張縣	山東省陽谷縣壽張鎮
3）東昌府	
今領州一，縣九	
〔27〕聊城縣	附郭，山東省聊城市
〔28〕堂邑縣	山東省聊城市東昌府區堂邑鎮
〔29〕博平縣	山東省茌平縣博平鎮
〔30〕茌平縣	山東省茌平縣
〔31〕清平縣	山東省高唐縣清平鎮
〔32〕莘縣	山東省莘縣
〔33〕冠縣	山東省冠縣
〔34〕館陶縣	山東省冠縣北館陶鎮
〔35〕恩縣	山東省平原縣恩城鎮
〔36〕高唐州	山東省高唐縣
4）青州府	
領縣十一	
〔37〕益都縣	附郭，山東省青州市
〔38〕博山縣	山東省淄博市博山區
〔39〕臨淄縣	山東省淄博市臨淄區齊都鎮
〔40〕博興縣	山東省博興縣
〔41〕高苑縣	山東省高青縣
〔42〕樂安縣	山東省廣饒縣
〔43〕壽光縣	山東省壽光市
〔44〕昌樂縣	山東省昌樂縣
〔45〕臨朐縣	山東省臨朐縣
〔46〕安邱縣	山東省安丘市
〔47〕諸城縣	山東省諸城市
5）登州府	
領州一，縣九	
〔48〕蓬萊縣	附郭，山東省蓬萊市
〔49〕黃縣	山東省龍口市
〔50〕福山縣	山東省煙臺市福山區
〔51〕棲霞縣	山東省棲霞市
〔52〕招遠縣	山東省招遠市
〔53〕萊陽縣	山東省萊陽市

山 東 統 部	今 地 攷
〔54〕寧海州	山東省牟平區
〔55〕文登縣	山東省文登市
〔56〕海陽縣	山東省海陽市
〔57〕榮成縣	山東省榮成市
6）萊州府	
領州二，縣五	《皇朝續文獻通攷》舊領州二，縣五，光緒三十年升膠州爲直隸州，以高密，即墨二縣屬之，凡領州一，縣三。 膠州，本屬萊州府，光緒三十年升直隸州，並移府屬之高密，即墨二縣隸之，凡領縣二。
〔58〕掖縣	附郭，山東省萊州市
〔59〕平度州	山東省平度市
〔60〕濰縣	山東省濰坊市
〔61〕昌邑縣	山東省昌邑市
〔62〕膠州	山東省膠州市
〔63〕高密縣	山東省高密市
〔64〕即墨縣	山東省即墨市
7）武定府	
領州一，縣九	
〔65〕惠民縣	附郭，山東省惠民縣
〔66〕青城縣	山東省高青縣青城鎮
〔67〕陽信縣	山東省陽信縣
〔68〕海豐縣	山東省無棣縣
〔69〕樂陵縣	山東省樂陵市
〔70〕商河縣	山東省商河縣
〔71〕濱州	山東省濱州市
〔72〕利津縣	山東省利津縣
〔73〕霑化縣	山東省霑化縣
〔74〕蒲臺縣	山東省濱州市蒲城水庫淹沒區
8）沂州府	
領州一，縣六	
〔75〕蘭山縣	附郭，山東省臨沂市
〔76〕郯城縣	山東省郯城縣
〔77〕費縣	山東省費縣
〔78〕莒州	山東省莒縣
〔79〕蒙陰縣	山東省蒙陰縣

山 東 統 部	今 地 攷
〔80〕沂水縣	山東省沂水縣
〔81〕日照縣	山東省日照市
9）泰安府	
領州一，縣六	
〔82〕泰安縣	附郭，山東省泰安市
〔83〕肥城縣	山東省肥城市
〔84〕新泰縣	山東省新泰市
〔85〕萊蕪縣	山東省萊蕪市
〔86〕東平州	山東省東平縣州城鎮
〔87〕東阿縣	山東省平陰縣東阿鎮
〔88〕平陰縣	山東省平陰縣
10）曹州府	
凡領州一，縣十	
〔89〕菏澤縣	附郭，山東省菏澤市
〔90〕單縣	山東省單縣
〔91〕城武縣	山東省成武縣
〔92〕鉅野縣	山東省巨野縣
〔93〕鄆城縣	山東省鄆城縣
〔94〕曹縣	山東省曹縣
〔95〕定陶縣	山東省定陶縣
〔96〕濮州	河南省范縣濮城鎮
〔97〕范縣	山東省莘縣櫻桃園鎮
〔98〕觀城縣	山東省莘縣觀城鎮
〔99〕朝城縣	山東省莘縣朝城鎮
11）濟寧州	山東省濟寧市
領縣三	
〔100〕金鄉縣	山東省金鄉縣
〔101〕嘉祥縣	山東省嘉祥縣
〔102〕魚臺縣	山東省魚臺縣魚城鎮
12）臨清州	山東省臨清市
領縣三	
〔103〕武城縣	山東省武城縣
〔104〕夏津縣	山東省夏津縣
〔105〕邱縣	河北省邱縣

九、河南統部

《大清一統志》（嘉慶）卷一百八十五至卷二百二十五

河 南 統 部	今 地 攷
今領府九，直隸州四	《皇朝續文獻通攷》舊領府九，直隸州四，散州六，縣九十八，同治中省儀封入蘭儀，光緒三十年升鄭州爲直隸州，宣統元年升淅川爲直隸廳，今凡領府九，直隸州五，直隸廳一，散州五，縣九十六
1）開封府	
今領州二，廳一，縣十四	《皇朝續文獻通攷》舊嶺州二，縣十五，同治二年省儀封併入蘭儀，光緒三十年升鄭州爲直隸州，並移滎陽，滎澤，氾水三縣屬之，凡領州一，縣十一
〔1〕祥符縣	附郭，河南省開封市
〔2〕陳留縣	河南省開封縣陳留鎮
〔3〕杞縣	河南省杞縣
〔4〕通許縣	河南省通許縣
〔5〕尉氏縣	河南省尉氏縣
〔6〕洧川縣	河南省尉氏縣洧川鎮
〔7〕鄢陵縣	河南省鄢陵縣
〔8〕中牟縣	河南省中牟縣
〔9〕蘭陽縣	河南省蘭攷縣
〔10〕儀封廳	河南省蘭攷縣儀封鄉
〔11〕鄭州	河南省鄭州市
〔12〕滎陽縣	河南省滎陽市
〔13〕滎澤縣	河南省鄭州市古滎鎮
〔14〕氾水縣	河南省滎陽市氾水鎮
〔15〕禹州	河南省禹州市
〔16〕密縣	河南省新密市
〔17〕新鄭縣	河南省新鄭市
2）陳州府	
今領縣七	
〔18〕淮寧縣	附郭，河南省淮陽縣
〔19〕商水縣	河南省商水縣
〔20〕西華縣	河南省西華縣
〔21〕項城縣	河南省項城市秣陵鎮
〔22〕沈邱縣	河南省沈丘縣老城鎮
〔23〕太康縣	河南省太康縣

河南統部	今地攷
〔24〕扶溝縣	河南省扶溝縣
3）歸德府	
今領州一，縣七	《皇朝續文獻通攷》舊領州一，縣七，光緒元年移衛輝府屬之攷城縣還隸，凡領州一，縣八
〔25〕商邱縣	附郭，河南省商丘市
〔26〕寧陵縣	河南省寧陵縣
〔27〕鹿邑縣	河南省鹿邑縣
〔28〕夏邑縣	河南省夏邑縣
〔29〕永城縣	河南省永城市
〔30〕虞城縣	河南省虞城縣利民鎮
〔31〕睢州	河南省睢縣
〔32〕柘城縣	河南省柘城縣
4）彰德府	
今領縣七	
〔33〕安陽縣	附郭，河南省安陽市
〔34〕臨漳縣	河北省臨漳縣
〔35〕湯陰縣	河南省湯陰縣
〔36〕林縣	河南省林州市
〔37〕武安縣	河北省武安市
〔38〕涉縣	河北省涉縣
〔39〕內黃縣	河南省內黃縣
5）衛輝府	
今領縣十	《皇朝續文獻通攷》舊領縣十，光緒元年以攷城還隸歸德府，凡領縣九。
〔40〕汲縣	附郭，河南省衛輝市
〔41〕新鄉縣	河南省新鄉市
〔42〕獲嘉縣	河南省獲嘉縣
〔43〕淇縣	河南省淇縣
〔44〕輝縣	河南省輝縣市
〔45〕延津縣	河南省延津縣
〔46〕濬縣	河南省濬縣
〔47〕滑縣	河南省滑縣
〔48〕封邱縣	河南省封丘縣
〔49〕攷城縣	河南省蘭攷縣張君墓鎮（今名攷城鎮）
6）懷慶府	
今領縣八	
〔50〕河內縣	附郭，河南省沁陽市

河 南 統 部	今 地 攷
〔51〕濟源縣	河南省濟源市
〔52〕修武縣	河南省修武縣
〔53〕武陟縣	河南省武陟縣
〔54〕孟縣	河南省孟州市
〔55〕溫縣	河南省溫縣
〔56〕原武縣	河南省原陽縣原武鎮
〔57〕陽武縣	河南省原陽縣
7）河南府	
今領縣十	
〔58〕洛陽縣	附郭，河南省洛陽市
〔59〕偃師縣	河南省偃師市（城關鎮老城村）
〔60〕宜陽縣	河南省宜陽縣
〔61〕新安縣	河南省新安縣
〔62〕鞏縣	河南省鞏義市站街鎮老城村
〔63〕孟津縣	河南省孟津縣會盟鎮老城村
〔64〕登封縣	河南省登封市
〔65〕永寧縣	河南省洛寧縣
〔66〕澠池縣	河南省澠池縣
〔67〕嵩縣	河南省嵩縣
8）南陽府	
領州二，縣十一	《皇朝續文獻通攷》道光十二年改淅川縣爲廳，宣統元年直隸，領州二，縣十
〔68〕南陽縣	附郭，河南省南陽市
〔69〕南召縣	河南省南召縣雲陽鎮
〔70〕唐縣	河南省唐河縣
〔71〕泌陽縣	河南省泌陽縣
〔72〕桐柏縣	河南省桐柏縣
〔73〕鎮平縣	河南省鎮平縣
〔74〕鄧州	河南省鄧州市
〔75〕淅川縣	河南省淅川縣老城鎮
〔76〕新野縣	河南省新野縣
〔77〕內鄉縣	河南省內鄉縣
〔78〕裕州	河南省方城縣
〔79〕舞陽縣	河南省舞陽縣
〔80〕葉縣	河南省葉縣

河 南 統 部	今 地 攷
9）汝寧府	
今領州一，縣八	
〔81〕汝陽縣	附郭，河南省汝南縣
〔82〕正陽縣	河南省正陽縣
〔83〕上蔡縣	河南省上蔡縣
〔84〕新蔡縣	河南省新蔡縣
〔85〕西平縣	河南省西平縣
〔86〕遂平縣	河南省遂平縣
〔87〕確山縣	河南省確山縣
〔88〕信陽州	河南省信陽市
〔89〕羅山縣	河南省羅山縣
10）許州	河南省許昌市
今領縣四	
〔90〕臨潁縣	河南省臨潁縣
〔91〕襄城縣	河南省襄城縣
〔92〕郾城縣	河南省漯河市郾城區
〔93〕長葛縣	河南省長葛市
11）陝州	河南省陝縣
今領縣三	
〔94〕靈寶縣	河南省三門峽市三門峽水庫淹沒區
〔95〕閿鄉縣	河南省靈寶市西閿鄉三門峽水庫淹沒區
〔96〕盧氏縣	河南省盧氏縣
12）光州	河南省潢川縣
領縣四	
〔97〕光山縣	河南省光山縣
〔98〕固始縣	河南省固始縣
〔99〕息縣	河南省息縣
〔100〕商城縣	河南省商城縣
13）汝州	河南省汝州市
領縣四	
〔101〕魯山縣	河南省魯山縣
〔102〕郟縣	河南省郟縣
〔103〕寶豐縣	河南省寶豐縣
〔104〕伊陽縣	河南省汝陽縣

十、陝西統部

《大清一統志》（嘉慶）卷二百二十六至卷二百五十

陝 西 統 部	今 地 攷
凡領府七，直隸州五	《皇朝續文獻通攷》舊領府七，直隸州五，散廳二，散州五，縣七十三，乾隆四十七年增孝義廳，五十五年增漢陰廳，嘉慶五年增寧陝廳，七年增定遠廳，道光五年增佛坪廳，凡領府七，直隸州五，散廳八，散州五，縣七十三。
1）西安府	《皇朝續文獻通攷》舊領州一，縣十五，乾隆四十七年增孝義廳，嘉慶五年增寧陝廳，凡領廳二，州一，縣十五
今領州一，縣十五，廳二	
〔1〕長安縣	附郭，陝西省西安市
〔2〕咸寧縣	陝西省西安市
〔3〕咸陽縣	陝西省咸陽市
〔4〕興平縣	陝西省興平市
〔5〕臨潼縣	陝西省西安市臨潼區
〔6〕高陵縣	陝西省高陵縣
〔7〕鄠縣	陝西省戶縣
〔8〕藍田縣	陝西省藍田縣
〔9〕涇陽縣	陝西省涇陽縣
〔10〕三原縣	陝西省三原縣
〔11〕盩厔縣	陝西省周至縣
〔12〕渭南縣	陝西省渭南市臨渭區
〔13〕富平縣	陝西省富平縣
〔14〕禮泉縣	陝西省禮泉縣
〔15〕耀州	陝西省銅川市耀州區
〔16〕同官縣	陝西省銅川市印臺區
〔17〕孝義廳	陝西省柞水縣
〔18〕寧陝廳	陝西省寧陝縣
2）延安府	
今領縣十	
〔19〕膚施縣	附郭，陝西省延安市
〔20〕安塞縣	陝西省安塞縣沿河灣鎮碟子溝村
〔21〕甘泉縣	陝西省甘泉縣
〔22〕安定縣	陝西省子長縣安定鎮
〔23〕保安縣	陝西省志丹縣
〔24〕宜川縣	陝西省宜川縣

陝 西 統 部	今 地 攷
〔25〕延川縣	陝西省延川縣
〔26〕延長縣	陝西省延長縣
〔27〕定邊縣	陝西省定邊縣
〔28〕靖邊縣	陝西省靖邊縣新城鄉
3）鳳翔府	
領州一，縣七	
〔29〕鳳翔縣	附郭，陝西省鳳翔縣
〔30〕岐山縣	陝西省岐山縣
〔31〕寶雞縣	陝西省寶雞市
〔32〕扶風縣	陝西省扶風縣
〔33〕郿縣	陝西省眉縣
〔34〕麟游縣	陝西省麟游縣
〔35〕汧陽縣	陝西省千陽縣
〔36〕隴州	陝西省隴縣
4）漢中府	
今領州一，縣八，廳二	《皇朝續文獻通攷》舊領廳一，州一，縣八，嘉慶七年增定遠廳，道光五年增佛坪廳，凡領廳三，州一，縣八 佛坪廳：陝西周至縣厚畛子鎮老縣城村
〔37〕南鄭縣	附郭，陝西省漢中市
〔38〕褒城縣	陝西省勉縣褒城鎮
〔39〕城固縣	陝西省城固縣
〔40〕洋縣	陝西省洋縣
〔41〕西鄉縣	陝西省西鄉縣
〔42〕鳳縣	陝西省鳳縣鳳州鎮
〔43〕寧羌州	陝西省寧強縣
〔44〕沔縣	陝西省勉縣武侯鎮
〔45〕略陽縣	陝西省略陽縣
〔46〕定遠廳	陝西省鎮巴縣
〔47〕留壩廳	陝西省留壩縣
5）榆林府	
今領州一，縣四	
〔48〕榆林縣	附郭，陝西省榆林市
〔49〕懷遠縣	陝西省橫山縣
〔50〕葭州	陝西省佳縣
〔51〕神木縣	陝西省神木縣

陝 西 統 部	今 地 攷
〔52〕府谷縣	陝西省府谷縣
6）興安府	
今領縣六，廳一	《皇朝續文獻通攷》舊領縣六，乾隆五十五年增漢陰廳，凡領廳二，縣六
	甎坪廳，初爲西康縣地，乾隆四十八年設縣丞，道光二十年升改撫民通判，析安康，紫陽，平利三縣地益之，今陝西省嵐皋縣
〔53〕安康縣	附郭，陝西省安康市
〔54〕平利縣	陝西省平利縣
〔55〕潯陽縣	陝西省旬陽縣
〔56〕白河縣	陝西省白河縣
〔57〕紫陽縣	陝西省紫陽縣
〔58〕石泉縣	陝西省石泉縣
〔59〕漢陰廳	陝西省漢陰縣
7）同州府	
今領州一，縣八，廳一	
〔60〕大荔縣	附郭，陝西省大荔縣
〔61〕朝邑縣	陝西省大荔縣朝邑鎮
〔62〕郃陽縣	陝西省合陽縣
〔63〕澄城縣	陝西省澄城縣
〔64〕韓城縣	陝西省韓城市
〔65〕華州	陝西省華縣
〔66〕華陰縣	陝西省華陰市
〔67〕蒲城縣	陝西省蒲城縣
〔68〕白水縣	陝西省白水縣
〔69〕潼關廳	陝西省潼關縣秦東鎮港口村
8）商州	陝西省商洛市
領縣四	
〔70〕鎮安縣	陝西省鎮安縣
〔71〕雒南縣	陝西省洛南縣
〔72〕山陽縣	陝西省山陽縣
〔73〕商南縣	陝西省商南縣
9）乾州	陝西省乾縣
領縣二	
〔74〕武功縣	陝西省武功縣武功鎮

陝 西 統 部	今 地 攷
〔75〕永壽縣	陝西省永壽縣永平鄉
10）邠州	陝西省彬縣
領縣三	
〔76〕三水縣	陝西省旬邑縣
〔77〕淳化縣	陝西省淳化縣
〔78〕長武縣	陝西省長武縣
11）鄜州	陝西省富縣
領縣三	
〔79〕洛川縣	陝西省洛川縣
〔80〕中部縣	陝西省黃陵縣
〔81〕宜君縣	陝西省宜君縣
12）綏德州	陝西省綏德縣
領縣三	
〔82〕米脂縣	陝西省米脂縣
〔83〕清澗縣	陝西省清澗縣
〔84〕吳堡縣	陝西省吳堡縣

十一、甘肅統部

《大清一統志》（嘉慶）卷二百五十一至卷二百八十

甘 肅 統 部	今 地 攷
凡領府九，直隸州六	《皇朝續文獻通攷》凡領府八，直隸廳一，直隸州六，散州六，縣四十七
1）蘭州府	
凡領州二，縣四	《皇朝續文獻通攷》乾隆三年畫貴德所屬西寧，道光三年以循化廳屬西寧，凡領州二，縣四
〔1〕皋蘭縣	附郭，甘肅省蘭州市
〔2〕金縣	甘肅省榆中縣
〔3〕狄道州	甘肅省臨洮縣
〔4〕渭源縣	甘肅省渭源縣
〔5〕靖遠縣	甘肅省靖遠縣
〔6〕河州	甘肅省臨夏市
2）鞏昌府	
凡領州一，廳一，縣八	《皇朝續文獻通攷》凡領廳一，州一，縣七
〔7〕隴西縣	附郭，甘肅省隴西縣
〔8〕安定縣	甘肅省定西市
〔9〕會寧縣	甘肅省會寧縣
〔10〕通渭縣	甘肅省通渭縣
〔11〕漳縣	甘肅省漳縣。《皇朝續文獻通攷》無
〔12〕寧遠縣	甘肅省武山縣
〔13〕伏羌縣	甘肅省甘谷縣
〔14〕西和縣	甘肅省西和縣
〔15〕岷州	甘肅省岷縣
〔16〕洮州廳	甘肅省臨潭縣新城鎮
3）平涼府	
領州二，縣三	《皇朝續文獻通攷》凡領州一，縣三
〔17〕平涼縣	附郭，甘肅省平涼市
〔18〕華亭縣	甘肅省華亭縣
〔19〕固原州	寧夏固原市
	《皇朝續文獻通攷》乾隆四十三年裁莊浪縣（今甘肅省莊浪縣南湖鎮），同治中升固原爲直隸州，下轄
	硝河分州：寧夏西吉縣硝河鄉，爲同治朝固原升直隸州時設。

甘 肅 統 部	今 地 攷
	平遠縣：康熙五年省平遠入鎮戎，雍正初並裁，同治十三年於下馬關設平遠縣，今寧夏同心縣下馬關鎮 海城縣：國初駐鹽茶同知，同治十三年改海城縣，本朝雍正二年裁。今寧夏海原縣海城鎮。
〔20〕靜寧州	甘肅省靜寧縣
〔21〕隆德縣	甘肅省隆德縣
4）慶陽府	
領州一，縣四	
〔22〕安化縣	附郭，甘肅省慶陽市
〔23〕合水縣	甘肅省合水縣老城鎮
〔24〕環縣	甘肅省環縣
〔25〕正寧縣	甘肅省正寧縣永河鎮羅川村
〔26〕寧州	甘肅省寧縣
5）寧夏府	
領州一，縣四	《皇朝續文獻通攷》凡領廳一，州一，縣四 寧靈廳：寧夏吳忠市金積鎮。瀕黃河，有金雞山，以山名堡，光緒初，悍回據守，攻克後設廳治。
〔27〕寧夏縣	附郭，寧夏銀川市
〔28〕寧朔縣	寧夏銀川市
〔29〕平羅縣	寧夏平羅縣
〔30〕靈州	寧夏靈武市
〔31〕中衛縣	寧夏中衛市
6）甘州府	
今領縣二	《皇朝續文獻通攷》凡領廳一，縣二 撫彝廳：在府西北一百一十里，北緯三十九度三十分，西經十六度十二分，乾隆十五年分張掖地置，領二十四堡。今甘肅省臨澤縣蓼泉鎮
〔32〕張掖縣	附郭，甘肅省張掖市
〔33〕山丹縣	甘肅省山丹縣
7）涼州府	
領縣五	《皇朝續文獻通攷》凡領廳一，縣五 莊浪廳，與平番縣同城，今甘肅永登縣 連城土司：甘肅省永登縣連城鎮。
〔34〕武威縣	附郭，甘肅省武威市
〔35〕鎮番縣	甘肅省民勤縣
〔36〕永昌縣	甘肅省永昌縣

甘 肅 統 部	今 地 攷
〔37〕古浪縣	甘肅省古浪縣
〔38〕平番縣	甘肅省永登縣
8）西寧府	
領縣三	《皇朝續文獻通攷》凡領廳四，縣三
	貴德廳：國初襲明制爲貴德所，隸河州，雍正四年改屬臨洮，乾隆初改屬西寧縣，駐縣丞，二十六年設貴德廳，今青海省貴德縣。
	循化廳：國初設循化營游擊，乾隆二十七年設循化廳同知，屬蘭州府，道光三年改屬西寧府，今青海省循化縣。
	丹噶爾廳：乾隆九年設丹噶爾廳，今青海省湟源縣。
	巴燕戎格廳：國初爲西夷遠爾加部及黑番住牧，乾隆九年設立廳治，今青海省化隆縣巴燕鎮。
〔39〕西寧縣	附郭，青海省西寧市
〔40〕碾伯縣	青海省樂都縣
〔41〕大通縣	青海省大通縣城關鎮
9）鎮西府	
領縣二	
〔42〕宜禾縣	新疆巴里坤縣，與府同駐巴里坤城
〔43〕奇臺縣	新疆奇臺縣老奇臺鎮
10）涇州	甘肅省涇川縣
領縣三	
〔44〕崇信縣	甘肅省崇信縣
〔45〕靈臺縣	甘肅省靈臺縣
〔46〕鎮原縣	甘肅省鎮原縣
11）秦州	甘肅省天水市
領縣五	
〔47〕秦安縣	甘肅省秦安縣
〔48〕清水縣	甘肅省清水縣
〔49〕禮縣	甘肅省禮縣
〔50〕徽縣	甘肅省徽縣
〔51〕兩當縣	甘肅省兩當縣
12）階州	甘肅省隴南市武都區
領縣二	《皇朝續文獻通攷》凡領州一，縣二，州所屬番民二十四族
	西固分州：元至元中置漢番軍民千戶所，明初改西固守禦千戶所，城周三里有奇，屬陝西都司，後屬岷州衛，本朝乾隆中改屬階州，設州同知分轄之。今甘肅省舟曲縣，清時名西固堡。

甘 肅 統 部	今 地 攷
〔52〕文縣	甘肅省文縣
〔53〕成縣	甘肅省成縣
13）肅州	甘肅省酒泉市
領縣一	《皇朝續文獻通攷》領縣一，分縣一
	毛目分縣：州東北二百四十里，轄黑河北岸，北緯四十度二十八分，西經十六度五十分，河西爲州同屬地，西南一百四十里金塔營城駐副將，又西北四十里威虜堡，雍正時州同所駐，乾隆時移駐金塔。今甘肅省金塔縣。
	另一說甘肅省金塔縣清時期爲王子莊堡分州，甘肅金塔縣鼎新鎮爲毛目分縣
〔54〕高臺縣	甘肅省高臺縣
14）安西州	甘肅省瓜州縣
領縣二	
〔55〕敦煌縣	甘肅省敦煌市
〔56〕玉門縣	甘肅省玉門市
15）迪化州	新疆烏魯木齊市
領縣三	
〔57〕昌吉縣	新疆昌吉市
〔58〕阜康縣	新疆阜康市
〔59〕綏來縣	新疆瑪納斯縣
	化平川廳，同治十年設撫民通判，今寧夏涇源縣。《皇朝續文獻通攷》

十二、浙江統部

《大清一統志》（嘉慶）卷二百八十一至卷三百六

浙江統部	今 地 攷
共領府十一，廳一	《皇朝續文獻通攷》舊領府十一，散廳一，散州一，縣七十五，道光二十一年升定海縣爲直隸廳，宣統三年增南田縣，凡領府十一，直隸廳一，散廳一，散州一，縣七十五
1）杭州府	
領州一，縣八	
〔1〕錢塘縣	附郭，浙江省杭州市
〔2〕仁和縣	浙江省杭州市
〔3〕海寧州	浙江省海寧市鹽官鎮
〔4〕富陽縣	浙江省富陽市
〔5〕餘杭縣	浙江省杭州市餘杭區餘杭街道
〔6〕臨安縣	浙江省臨安市
〔7〕於潛縣	浙江省臨安市於潛鎮
〔8〕新城縣	浙江省富陽市新登鎮
〔9〕昌化縣	浙江省臨安市昌化鎮
2）嘉興府	
領縣七	
〔10〕嘉興縣	附郭，浙江省嘉興市
〔11〕秀水縣	浙江省嘉興市
〔12〕嘉善縣	浙江省嘉善縣
〔13〕海鹽縣	浙江省海鹽縣
〔14〕石門縣	浙江省桐鄉市石門鎮
〔15〕平湖縣	浙江省平湖市
〔16〕桐鄉縣	這件省桐鄉市
3）湖州府	
領縣七	
〔17〕烏程縣	附郭，浙江省湖州市
〔18〕歸安縣	浙江省湖州市
〔19〕長興縣	浙江省長興縣
〔20〕德清縣	浙江省德清縣乾元鎮
〔21〕武康縣	浙江省德清縣

浙 江 統 部	今 地 攷
〔22〕安吉縣	浙江省安吉縣遞鋪鎮安城村
〔23〕孝豐縣	浙江省安吉縣孝豐鎮
4）寧波府	
領縣六	《皇朝續文獻通攷》舊領縣六，道光二十一年升定海縣爲直隸廳，宣統三年增南田縣，凡領縣六。 南田縣：在府東南三百二十里，宣統三年以南田列島增置，治大佛頭山。今浙江省象山縣鶴浦鎮樊岙村
〔24〕鄞縣	附郭，浙江省寧波市
〔25〕慈谿縣	浙江省寧波市江北區慈城鎮
〔26〕奉化縣	浙江省奉化市
〔27〕鎮海縣	浙江省寧波市鎮海區
〔28〕象山縣	浙江省象山縣
〔29〕定海縣	浙江省舟山市定海區 定海廳：本定海縣屬之舟山，康熙二十六年改定海爲鎮海，而移定海縣於此，道光二十一年升直隸廳。《皇朝續文獻通攷》
5）紹興府	
領縣八	
〔30〕山陰縣	附郭，浙江省紹興市
〔31〕會稽縣	浙江省紹興市
〔32〕蕭山縣	浙江省杭州市蕭山區
〔33〕諸暨縣	浙江省諸暨市
〔34〕餘姚縣	浙江省餘姚市
〔35〕上虞縣	浙江省上虞市豐惠鎮
〔36〕嵊縣	浙江省嵊州市
〔37〕新昌縣	浙江省新昌縣
6）台州府	
領縣六	
〔38〕臨海縣	附郭，浙江省臨海市
〔39〕黃巖縣	浙江省台州市黃巖區
〔40〕天台縣	浙江省天台縣
〔41〕仙居縣	浙江省仙居縣
〔42〕寧海縣	浙江省寧海縣
〔43〕太平縣	浙江省溫嶺市
7）金華府	
領縣八	

浙 江 統 部	今 地 攷
〔44〕金華縣	附郭，浙江省金華市
〔45〕蘭谿縣	浙江省蘭溪市
〔46〕東陽縣	浙江省東陽市
〔47〕義烏縣	浙江省義烏市
〔48〕永康縣	浙江省永康市
〔49〕武義縣	浙江省武義縣
〔50〕浦江縣	浙江省浦江縣
〔51〕湯溪縣	浙江省金華市婺城區湯溪鎮
8）衢州府	
領縣五	
〔52〕西安縣	附郭，浙江省衢州市
〔53〕龍游縣	浙江省龍游縣
〔54〕江山縣	浙江省江山市
〔55〕常山縣	浙江省常山縣
〔56〕開化縣	浙江省開化縣
9）嚴州府	
領縣六	
〔57〕建德縣	附郭，浙江省建德市
〔58〕淳安縣	縣治名賀城，現浙江省淳安縣新安江水庫淹沒區
〔59〕桐廬縣	浙江省桐廬縣
〔60〕遂安縣	縣治名獅城，現浙江省淳安縣新安江水庫淹沒區
〔61〕壽昌縣	浙江省建德市壽昌鎮
〔62〕分水縣	浙江省桐廬縣分水鎮
10）溫州府	《皇朝續文獻通攷》凡領廳一，縣五 玉環廳：浙江省玉環縣
領縣五	
〔63〕永嘉縣	附郭，浙江省溫州市
〔64〕瑞安縣	浙江省瑞安市
〔65〕樂清縣	浙江省樂清市
〔66〕平陽縣	浙江省平陽縣
〔67〕泰順縣	浙江省泰順縣
11）處州府	
領縣十	
〔68〕麗水縣	附郭，浙江省麗水市

浙 江 統 部	今 地 攷
〔69〕青田縣	浙江省青田縣
〔70〕縉雲縣	浙江省縉雲縣
〔71〕松陽縣	浙江省松陽縣
〔72〕遂昌縣	浙江省遂昌縣
〔73〕龍泉縣	浙江省龍泉市
〔74〕慶元縣	浙江省慶元縣
〔75〕雲和縣	浙江省雲和縣
〔76〕宣平縣	浙江省武義縣柳城鎮
〔77〕景寧縣	浙江省景寧縣
12）溫臺玉環廳	浙江省玉環縣

十三、江西統部

《大清一統志》（嘉慶）卷三百七至卷三百三十三

江 西 統 部	今 地 攷
領府十三，直隸州一	《皇朝續文獻通攷》舊領府十三，直隸州一，散廳二，散州一，縣七十五，光緒二十九年增虔南廳，三十三年增銅鼓廳，凡領府十三，直隸州一，散廳四，散州一，縣七十五
1）南昌府	
領州一，縣七	
〔1〕南昌縣	附郭，江西省南昌市
〔2〕新建縣	江西省南昌市
〔3〕豐城縣	江西省豐城市
〔4〕進賢縣	江西省進賢縣
〔5〕奉新縣	江西省奉新縣
〔6〕靖安縣	江西省靖安縣
〔7〕武寧縣	江西省武寧縣
〔8〕義寧州	江西省修水縣
2）饒州府	
領縣七	
〔9〕鄱陽縣	附郭，江西省鄱陽縣
〔10〕餘干縣	江西省餘干縣
〔11〕樂平縣	江西省樂平市
〔12〕浮梁縣	江西省浮梁縣
〔13〕德興縣	江西省德興縣
〔14〕安仁縣	江西省餘江縣錦江鎮
〔15〕萬年縣	江西省萬年縣青雲鎮
3）廣信府	
領縣七	
〔16〕上饒縣	附郭，江西省上饒市
〔17〕玉山縣	江西省玉山縣
〔18〕弋陽縣	江西省弋陽縣
〔19〕貴溪縣	江西省貴溪市
〔20〕鉛山縣	江西省鉛山縣永平鎮
〔21〕廣豐縣	江西省廣豐縣

江 西 統 部	今 地 攷
〔22〕興安縣	江西省橫峰縣
4）南康府	
領縣四	
〔23〕星子縣	附郭，江西省星子縣
〔24〕都昌縣	江西省都昌縣
〔25〕建昌縣	江西省永修縣艾城鎮
〔26〕安義縣	江西省安義縣
5）九江府	
領縣五	
〔27〕德化縣	附郭，江西省九江市
〔28〕德安縣	江西省德安縣
〔29〕瑞昌縣	江西省瑞昌市
〔30〕湖口縣	江西省湖口縣
〔31〕彭澤縣	江西省彭澤縣
6）建昌府	
領縣五	
〔32〕南城縣	附郭，江西省南城縣
〔33〕新城縣	江西省黎川縣
〔34〕南豐縣	江西省南豐縣
〔35〕廣昌縣	江西省廣昌縣
〔36〕蘆溪縣	江西省資溪縣
7）撫州府	
領縣六	
〔37〕臨川縣	附郭，江西省撫州市
〔38〕崇仁縣	江西省崇仁縣
〔39〕金谿縣	江西省金溪縣
〔40〕宜黃縣	江西省宜黃縣
〔41〕樂安縣	江西省樂安縣
〔42〕東鄉縣	江西省東鄉縣
8）臨江府	
領縣四	
〔43〕清江縣	附郭，江西省樟樹市臨江鎮
〔44〕新淦縣	江西省新幹縣
〔45〕新喻縣	江西省新餘市

江 西 統 部	今 地 攷
〔46〕峽江縣	江西省峽江縣
9）瑞州府	
領縣三	《皇朝續文獻通攷》舊嶺縣三，光緒間增銅鼓廳，凡領廳一，縣三 銅鼓廳：江西省銅鼓縣
〔47〕高安縣	附郭，江西省高安市
〔48〕上高縣	江西省上高縣
〔49〕新昌縣	江西省宜豐縣
10）袁州府	
領縣四	
〔50〕宜春縣	附郭，江西省宜春市
〔51〕分宜縣	江西省分宜縣
〔52〕萍鄉縣	江西省萍鄉市
〔53〕萬載縣	江西省萬載縣
11）吉安府	
領縣九，廳一	
〔54〕廬陵縣	附郭，江西省吉安市
〔55〕泰和縣	江西省泰和縣
〔56〕吉水縣	江西省吉水縣
〔57〕永豐縣	江西省永豐縣
〔58〕安福縣	江西省安福縣
〔59〕龍泉縣	江西省遂川縣
〔60〕萬安縣	江西省萬安縣
〔61〕永新縣	江西省永新縣
〔62〕永寧縣	江西省井岡山市新城鎮
〔63〕蓮花廳	江西省蓮花縣
12）贛州府	
領縣八，廳一	《皇朝續文獻通攷》舊領廳一，縣八，光緒二十九年增虔南廳，凡領廳二，縣八 虔南廳，治今江西省全南縣
〔64〕贛縣	附郭，江西省贛州市
〔65〕雩都縣	江西省於都縣
〔66〕信豐縣	江西省信豐縣
〔67〕興國縣	江西省興國縣

江 西 統 部	今 地 攷
〔68〕會昌縣	江西省會昌縣
〔69〕安遠縣	江西省安遠縣
〔70〕長寧縣	江西省尋烏縣
〔71〕龍南縣	江西省龍南縣
〔72〕定南廳	江西省定南縣
13）南安府	
領縣四	
〔73〕大庾縣	附郭，江西省大餘縣
〔74〕南康縣	江西省南康市
〔75〕上猶縣	江西省上猶縣
〔76〕崇義縣	江西省崇義縣
14）寧都州	江西省寧都縣
領縣二	
〔77〕瑞金縣	江西省瑞金市
〔78〕石城縣	江西省石城縣

十四、湖北統部

《大清一統志》（嘉慶）卷三百三十四至卷三百五十二

湖 北 統 部	今 地 攷
共領府十，直隸州一	《皇朝續文獻通攷》舊領府十，州巴，縣六十，乾隆五十六年升安陸府屬荊門州直隸，光緒二十四年增夏口廳，三十年升改宜昌府屬鶴峰州爲直隸州，凡領府十，直隸州一，直隸廳一，散廳一，散州六，縣六十
1）武昌府	
領州一，縣九	
〔1〕江夏縣	附郭，湖北省武漢市
〔2〕武昌縣	湖北省鄂州市
〔3〕嘉魚縣	湖北省嘉魚縣
〔4〕蒲圻縣	湖北省赤壁市
〔5〕咸寧縣	湖北省咸寧市
〔6〕崇陽縣	湖北省崇陽縣
〔7〕通城縣	湖北省通城縣
〔8〕興國州	湖北省陽新縣
〔9〕大冶縣	湖北省大冶市
〔10〕通山縣	湖北省通山縣
2）漢陽府	
共領縣四，州一	《皇朝續文獻通攷》舊領州一，縣四，光緒二十四年增夏口廳，凡領廳一，州一，縣四 夏口廳：湖北省武漢市江漢區
〔11〕漢陽縣	附郭，湖北省武漢市
〔12〕漢川縣	湖北省漢川市
〔13〕孝感縣	湖北省孝感市
〔14〕黃陂縣	湖北省武漢市黃陂區
〔15〕沔陽州	湖北省仙桃市沔城鎮
3）黃州府	
領州一個，縣七	
〔16〕黃岡縣	附郭，湖北省黃岡市
〔17〕黃安縣	湖北省紅安縣
〔18〕蘄水縣 376	湖北省浠水縣
〔19〕羅田縣	湖北省羅田縣

湖 北 統 部	今 地 攷
〔20〕麻城縣	湖北省麻城市
〔21〕蘄州	湖北省蘄春縣蘄州鎮
〔22〕廣濟縣	湖北省武穴市梅川鎮
〔23〕黃梅縣	湖北省黃梅縣
4）安陸府	
今領縣四	《皇朝續文獻通攷》舊領州一，縣五，乾隆五十六年升所屬之荊門州爲直隸，並以當陽縣屬之，凡領縣四
〔24〕鍾祥縣	附郭，湖北省鍾祥市
〔25〕京山縣	湖北省京山縣
〔26〕潛江縣	湖北省潛江市
〔27〕天門縣	湖北省天門市
5）德安府	
領州一，縣四	
〔28〕安陸縣	附郭，湖北省安陸市
〔29〕雲夢縣	湖北省雲夢縣
〔30〕應城縣	湖北省應城市
〔31〕隨州	湖北省隨州市
〔32〕應山縣	湖北省廣水市
6）荊州府	
領縣七	《皇朝續文獻通攷》舊領縣八，乾隆五十六年以還安縣改隸荊門州，凡領縣七
〔33〕江陵縣	附郭，湖北省荊州市
〔34〕公安縣	湖北省公安縣祝家崗，《地圖》無祝家崗，有朱家崗
〔35〕石首縣	湖北省石首市
〔36〕監利縣	湖北省監利縣
〔37〕松滋縣	湖北省松滋市老城鎮
〔38〕枝江縣	湖北省宜都市枝城鎮
〔39〕宜都縣	湖北省宜都市
7）襄陽府	
領州一，縣六	
〔40〕襄陽縣	附郭，湖北省襄陽市
〔41〕宜城縣	湖北省宜城市
〔42〕南漳縣	湖北省南漳縣
〔43〕棗陽縣	湖北省棗陽市
〔44〕穀城縣	湖北省穀城縣

湖 北 統 部	今 地 攷
〔45〕光化縣	湖北省老河口市袁沖鄉孟橋川水庫淹沒區
〔46〕均州	湖北省丹江口市丹江口水庫淹沒區，均縣鎮爲丹江口水庫淹沒時後遷置者
8）鄖陽府	
領縣六	
〔47〕鄖縣	附郭，湖北省鄖縣
〔48〕房縣	湖北省房縣
〔49〕竹山縣	湖北省竹山縣
〔50〕竹谿縣	湖北省竹溪縣
〔51〕保康縣	湖北省保康縣
〔52〕鄖西縣	湖北省鄖西縣
9）宜昌府	
領州二，縣五	《皇朝續文獻通攷》舊領州二，縣五，光緒三十年升改鶴峰州爲直隸廳，凡領州一，縣五
〔53〕東湖縣	附郭，湖北省宜昌市
〔54〕歸州	湖北省秭歸縣老縣城，現已爲三峽水庫淹沒
〔55〕長陽縣	湖北省長陽縣
〔56〕興山縣	湖北省興山縣老縣城，現已爲三峽水庫淹沒
〔57〕巴東縣	湖北省巴東縣老縣城，現已爲三峽水庫淹沒
〔58〕長樂縣	湖北省五峰縣
〔59〕鶴峰州	湖北省鶴峰縣
10）施南府	
共領縣六	
〔60〕恩施縣	附郭，湖北省恩施市
〔61〕宣恩縣	湖北省宣恩縣
〔62〕來鳳縣	湖北省來鳳縣
〔63〕咸豐縣	湖北省咸豐縣
〔64〕利川縣	湖北省利川市
〔65〕建始縣	湖北省建始縣
11）荊門州	湖北省荊門市
領縣二	
〔66〕當陽縣	湖北省當陽市
〔67〕遠安縣	湖北省遠安縣

十五、湖南統部

《大清一統志》（嘉慶）卷三百五十三至卷三百八十二

湖 南 統 部	今 地 攷
今領府九，直隸州四，直隸廳四	《皇朝續文獻通攷》舊領府九，直隸州四，散廳三，散州三，縣六十四，嘉慶元年升辰州府屬乾州，鳳凰，永綏三廳爲直隸，二十二年增晃州直隸廳，光緒十七年增南州直隸廳，凡領府九，直隸廳五，直隸州四，散州三，縣六十四
1）長沙府	
領州一，縣十一	
〔1〕長沙縣	附郭，湖南省長沙市
〔2〕善化縣	湖南省長沙市
〔3〕湘潭縣	湖南省湘潭市
〔4〕湘陰縣	湖南省湘陰縣
〔5〕寧鄉縣	湖南省寧鄉縣
〔6〕瀏陽縣	湖南省瀏陽市
〔7〕醴陵縣	湖南省醴陵市
〔8〕益陽縣	湖南省益陽市
〔9〕湘鄉縣	湖南省湘鄉市
〔10〕攸縣	湖南省攸縣
〔11〕安化縣	湖南省安化縣梅城鎮
〔12〕茶陵州	湖南省茶陵縣
2）岳州府	《皇朝續文獻通攷》作岳州府
	南州廳：光緒七年以洞庭湖漲沙並割華榮，安鄉二縣地新置直隸廳，光緒二十一年，湖南巡撫吳大澄奏清廷獲准，劃割六縣交界之地，在境內烏嘴（今南縣烏嘴鄉）設置南洲直隸廳撫民府，光緒二十三年遷置九都。今湖南省南縣
領縣四	
〔13〕巴陵縣	附郭，湖南省岳陽市
〔14〕臨湘縣	湖南省岳陽市雲溪區陸城鎮
〔15〕華容縣	湖南省華容縣
〔16〕平江縣	湖南省平江縣
3）寶慶府	
領州一，縣四	
〔17〕邵陽縣	附郭，湖南省邵陽市

湖 南 統 部	今 地 攷
〔18〕新化縣	湖南省新化縣
〔19〕城步縣	湖南省城步縣
〔20〕武岡縣	湖南省武岡市
〔21〕新寧縣	湖南省新寧縣
4）衡州府	
領縣七	
〔22〕衡陽縣	附郭，湖南省衡陽市
〔23〕清泉縣	湖南省衡陽市
〔24〕衡山縣	湖南省衡山縣
〔25〕耒陽縣	湖南省耒陽市
〔26〕常寧縣	湖南省常寧市
〔27〕安仁縣	湖南省安仁縣
〔28〕酃縣	湖南省炎陵縣
5）常德府	
領縣四	
〔29〕武陵縣	附郭，湖南省常德市
〔30〕桃源縣	湖南省桃源縣
〔31〕龍陽縣	湖南省漢壽縣
〔32〕沅江縣	湖南省沅江市
6）辰州府	《皇朝續文獻通攷》舊領廳三，縣四，嘉慶元年升乾州，鳳凰，永綏三廳爲直隸，凡領縣四
今領縣四	
〔33〕沅陵縣	附郭，湖南省沅陵縣
〔34〕瀘溪縣	湖南省蘆溪縣
〔35〕辰溪縣	湖南省辰溪縣
〔36〕漵浦縣	湖南省漵浦縣
7）沅州府	
領縣三	
〔37〕芷江縣	附郭，湖南省芷江縣
〔38〕黔陽縣	湖南省洪江市
〔39〕麻陽縣	湖南省麻陽縣黃桑鄉舊縣村
8）永州府	
領州一，縣七	
〔40〕零陵縣	附郭，湖南省永州市零陵區

湖 南 統 部	今 地 攷
〔41〕祁陽縣	湖南省祁陽縣
〔42〕東安縣	湖南省東安縣紫溪市鎮
〔43〕道州	湖南省道縣
〔44〕寧遠縣	湖南省寧遠縣
〔45〕永明縣	湖南省江永縣
〔46〕江華縣	湖南省江華縣沱江鎮
〔47〕新田縣	湖南省新田縣
9）永順府	
領縣四	
〔48〕永順縣	附郭，湖南省永順縣
〔49〕龍山縣	湖南省龍山縣
〔50〕保靖縣	湖南省保靖縣
〔51〕桑植縣	湖南省桑植縣
10）澧州	湖南省澧縣
領縣五	
〔52〕石門縣	湖南省石門縣
〔53〕安鄉縣	湖南省安鄉縣
〔54〕慈利縣	湖南省慈利縣
〔55〕安福縣	湖南省臨澧縣
〔56〕永定縣	湖南省張家界市
11）桂陽州	湖南省桂陽縣
領縣三	
〔57〕臨武縣	湖南省臨武縣
〔58〕藍山縣	湖南省藍山縣
〔59〕嘉禾縣	湖南省嘉禾縣
12）靖州	湖南省靖州縣
領縣三	
〔60〕會同縣	湖南省會同縣
〔61〕通道縣	湖南省通道縣縣溪鎮
〔62〕綏寧縣	湖南省綏寧縣在市鄉
13）郴州	湖南省郴州市
領縣五	
〔63〕永興縣	湖南省永興縣
〔64〕宜章縣	湖南省宜章縣

湖 南 統 部	今 地 攷
〔65〕興寧縣	湖南省資興市
〔66〕桂陽縣	湖南省汝城縣
〔67〕桂東縣	湖南省桂東縣
14）乾州廳	湖南省吉首市
15）鳳凰廳	湖南省鳳凰縣
16）永綏廳	湖南省花垣縣
17）晃州廳	湖南省新晃縣，縣治隔江有老晃城地名

十六、四川統部

《大清一統志》（嘉慶）卷三百八十三至卷四百二十三

四　川　統　部	今　地　攷
共領府十二，直隸州八，屯務廳一	《皇朝續文獻通攷》舊領府十一，直隸廳六，直隸州九，散廳四，散州十一，縣一百一，乾隆四十四年併阿爾古，美諾二廳爲懋功廳，嘉慶六年省茂州保縣，復設綿州之羅江縣，七年升改達州爲綏定府，改大平縣爲達縣，增太平廳，十三年增峨邊廳，道光元年移改太平廳爲城口廳，復設太平縣，光緒三十年升打箭爐廳爲直隸，三十四年增古宋縣，改敘永直隸廳爲永寧直隸州，升改打箭爐廳爲康定府，移歸邊務大臣管轄，宣統元年增鹽邊廳，二年增昭覺縣，凡領府十二，直隸廳四，直隸州八，散廳六，散州十一，縣一百十四。
1）成都府	
領州三，縣十三	
〔1〕成都縣	附郭，四川省成都市
〔2〕華陽縣	四川省雙流縣華陽街道
〔3〕雙流縣	四川省雙流縣
〔4〕溫江縣	四川省成都市溫江區
〔5〕新繁縣	四川省成都市新都區新繁鎮
〔6〕金堂縣	四川省金堂縣
〔7〕新都縣	四川省成都市新都區
〔8〕郫縣	四川省郫縣
〔9〕灌縣	四川省都江堰市
〔10〕彭縣	四川省彭州市
〔11〕崇寧縣	四川省郫縣唐昌鎮
〔12〕簡州	四川省簡陽市
〔13〕崇〔註3〕慶州	四川省崇州市
〔14〕新津縣	四川省新津縣
〔15〕漢州	四川省廣漢市
〔16〕什邡縣	四川省什邡市
2）重慶府	
領州二，縣十一，廳一	《皇朝續文獻通攷》凡領州二，縣十一

〔註3〕原文作重，今改正。

四 川 統 部	今 地 攷
〔17〕巴縣	附郭，重慶市
〔18〕江津縣	重慶市江津區
〔19〕長壽縣	重慶市長壽區
〔20〕永川縣	重慶市永川區
〔21〕榮昌縣	重慶市榮昌縣
〔22〕綦江縣	重慶市綦江縣
〔23〕南川縣	重慶市南川區
〔24〕合州	重慶市合川區
〔25〕涪州	重慶市涪陵區
〔26〕銅梁縣	重慶市銅梁縣
〔27〕大足縣	重慶市大足縣
〔28〕璧山縣	重慶市璧山縣
〔29〕定遠縣	重慶市武勝縣中心鎮
〔30〕江北廳	重慶市江北區。《皇朝續文獻通攷》無
3）保寧府	
領州二，縣七	
〔31〕閬中縣	附郭，四川省閬中市
〔32〕蒼谿縣	四川省蒼溪縣
〔33〕南部縣	四川省南部縣
〔34〕廣元縣	四川省廣元市
〔35〕昭化縣	四川省廣元市元壩區昭化鎮
〔36〕巴州	四川省巴中市
〔37〕通江縣	四川省通江縣
〔38〕南江縣	四川省南江縣
〔39〕劍州	四川省劍閣縣
4）順慶府	
今領州二，縣六	《皇朝續文獻通攷》舊領州二，縣八，嘉慶十九年以大竹，渠縣兩縣改屬綏定府，凡領州二，縣六
〔40〕南充縣	附郭，四川省南充市
〔41〕西充縣	四川省西充縣
〔42〕蓬州	四川省蓬安縣
〔43〕營山縣	四川省營山縣
〔44〕儀隴縣	四川省儀隴縣
〔45〕廣安州	四川省廣安市
〔46〕鄰水縣	四川省鄰水縣

四 川 統 部	今 地 攷
〔47〕岳池縣	四川省岳池縣
5）敘州府	
領縣十一，廳二，土司四	《皇朝續文獻通攷》凡領廳二，縣十一，長官司四
〔48〕宜賓縣	附郭，四川省宜賓市
〔49〕慶符縣	四川省高縣慶符鎮，原高縣縣城位於文江鎮
〔50〕富順縣	四川省富順縣
〔51〕南溪縣	四川省南溪縣
〔52〕長寧縣	四川省長寧縣雙河鎮
〔53〕高縣	四川省高縣
〔54〕筠連縣	四川省筠連縣
〔55〕珙縣	四川省珙縣
〔56〕興文縣	四川省興文縣
〔57〕隆昌縣	四川省隆昌縣
〔58〕屏山縣	四川省屏山縣
〔59〕馬邊廳	四川省馬邊縣
〔60〕雷波廳	四川省雷波縣
〔61〕泥溪長官司	四川省屏山縣中都鎮
〔62〕平夷長官司	四川省屏山縣新安鎮
〔63〕蠻夷長官司	四川省屏山縣新市鎮
〔64〕沐川長官司	四川省沐川縣沐溪鎮
6）夔州府	
領縣六	
〔65〕奉節縣	附郭，重慶市奉節縣老縣城，現已爲三峽水庫淹沒
〔66〕巫山縣	重慶市巫山縣老縣城，現已爲三峽水庫淹沒
〔67〕雲陽縣	重慶市雲陽縣老縣城，現已爲三峽水庫淹沒
〔68〕萬縣	重慶市原萬縣縣老縣城，現已爲三峽水庫淹沒
〔69〕開縣	重慶市開縣老縣城，現已爲三峽水庫淹沒
〔70〕大寧縣	重慶市巫溪縣
7）龍安府	
領縣四，土司三	《皇朝續文獻通攷》凡領縣四，長官司一
〔71〕平武縣	附郭，四川省平武縣
〔72〕江油縣	四川省江油市武都鎮
〔73〕石泉縣	四川省北川縣禹里鄉
〔74〕彰明縣	四川省江油市彰明鎮

四川統部	今地攷
〔75〕陽地隘口長官司	四川省平武縣木皮鄉
〔76〕陽地隘口通判土司	四川省平武縣木皮鄉。《皇朝續文獻通攷》無
〔77〕龍溪堡知事土司	四川省平武縣虎牙藏族鄉龍溪堡村。《皇朝續文獻通攷》無
8）寧遠府	
領縣三，州一，廳一，土司十一	《皇朝續文獻通攷》舊領廳一，州一，縣三，宣撫司二，安撫司二，長官司五，宣統元年增鹽邊廳，二年增昭覺縣，凡領廳二，州一，縣四，宣撫司二，安撫司二，長官司五 昭覺縣：四川省昭覺縣 鹽邊廳：四川省鹽邊縣，即清時期之阿所拉場，此爲《中國歷史地圖集》定位
〔78〕西昌縣	附郭，四川省西昌市
〔79〕冕寧縣	四川省冕寧縣
〔80〕鹽源縣	四川省鹽源縣衛城鎮
〔81〕會理州	四川省會理縣
〔82〕越雟廳	四川省越西縣
〔83〕威龍州長官司	四川省米易縣白馬鎮威龍州
〔84〕昌州長官司	四川省德昌縣德州鎮
〔85〕普濟州長官司	四川省米易縣普威鎮
〔86〕河東長官司	西昌市河東街下土司巷
〔87〕阿都正長官司	待攷，《中國歷史地圖集》無，《皇朝續文獻通攷》亦無
〔88〕阿都副長官司	四川省布拖縣特里木鎮光明村一組。《皇朝續文獻通攷》無
〔89〕沙罵宣撫司	四川省昭覺縣支爾莫鄉莫卓村
〔90〕馬喇副長官司	四川省鹽邊縣惠民鄉
〔91〕瓜別安撫司	四川省鹽源縣沃底鄉境內
〔92〕木里安撫司	土司分別在木里大寺，康烏大寺和瓦爾寨大寺設有三座衙署。按上述順序，每年輪住一寺執政，三年一返，周而復始，總管全境。這三座寺院即爲土司衙門《涼山土司衙門遺址》 木里大寺位於四川木里縣桃巴鄉桃巴村你易店組 康塢大寺位於四川木里縣喬瓦鎮康塢村 瓦爾寨大寺位於四川木里縣沙灣鄉麻窩村八一組
〔93〕邛部長官司	四川省越西縣新民鎮大寨村八組
9）雅州府	

四 川 統 部	今 地 攷
領州一，縣五，同知分轄地一，土司三十六	《皇朝續文獻通攷》舊領廳一，州一，縣五，宣慰司三，宣撫司二，安撫司十五，長官司十三，光緒三十年升打箭鑪廳爲直隸廳，三十二年設督辦川滇邊務大臣，自打箭鑪以西畫歸管轄，諸土司以次改流，凡領州一，縣五
〔94〕雅安縣	附郭，四川省雅安市
〔95〕名山縣	四川省名山縣
〔96〕滎經縣	四川省滎經縣
〔97〕蘆山縣	四川省蘆山縣
〔98〕天全州	四川省天全縣
〔99〕清溪縣	四川省漢源縣青溪鎮
〔100〕打箭鑪廳	四川省康定縣
〔101〕董卜韓胡宣慰司	四川省寶興縣
〔102〕明正長河西魚通安遠宣慰司	四川省康定縣
〔103〕沈邊長官司	四川省瀘定縣興隆鎮沈村
〔104〕冷邊長官司	四川省瀘定縣冷磧鎮
〔105〕革什咱安撫司	四川省丹巴縣革什札鄉布科村
〔106〕巴底宣慰司	四川省丹巴縣巴底鄉邛山一村
〔107〕巴旺宣慰司	四川省丹巴縣聶呷鄉聶呷村
〔108〕喇滾安撫司	四川省新龍縣洛古鄉
〔109〕霍尒朱窩安撫司	四川省爐霍縣朱倭鄉
〔110〕霍爾章谷安撫司	四川省爐霍縣，四川省爐霍縣舊城關南二公里半山坡有章谷土司官寨
〔111〕納林沖長官司	四川省甘孜縣卡攻鄉附近《中國歷史地圖集》，《欽定大清會典》（嘉慶）作納林蔥長官司
〔112〕瓦述色他長官司	四川省色達縣
〔113〕瓦述更平長官司	四川省新龍縣境，具體位置待攷
〔114〕瓦述餘科安撫司	四川省道孚縣維它鄉境內
〔115〕霍爾孔撒安撫司	四川省甘孜縣
〔116〕霍爾甘孜麻書安撫司	四川省甘孜縣
〔117〕德爾格忒宣慰司	四川省德格縣
〔118〕霍爾白利長官司	四川省甘孜縣生康鄉
〔119〕霍爾咱安撫司	四川省甘孜縣札科鄉
〔120〕霍爾東科長官司	四川省甘孜縣四通達鄉東谷村
〔121〕春科安撫司	四川省石渠縣正科鄉

四 川 統 部	今 地 攷
〔122〕春科副安撫司	四川省石渠縣正科鄉
〔123〕春科高日長官司	四川省石渠縣奔達鄉奔達村，《中國歷史地圖集》作春科司，高日司，《欽定大清會典》（嘉慶）作春科高日長官司
〔124〕上瞻對茹長官司	上瞻對茹色長官司：瞻化縣北境，《中國歷史地圖集》無
〔125〕蒙葛結長官司	四川省石渠縣蒙宜鄉蒙宜寺
〔126〕林葱安撫司	四川省德格縣俄支鄉俄支村
〔127〕上納奪安撫司	西藏江達縣德登鄉境內
〔128〕下瞻對安撫司	四川省新龍縣
〔129〕裏塘宣撫司	四川省理塘縣
〔130〕裏塘副宣撫司	四川省理塘縣
〔131〕瓦述毛丫長官司	四川省理塘縣禾尼鄉
〔132〕瓦述崇喜長官司	四川省雅江縣紅龍鄉或西俄洛鄉境內，紅龍鄉境內有一寺曰崇禧寺《中國歷史地圖集》
〔133〕瓦述曲登長官司	四川省理塘縣曲登鄉
〔134〕瓦述嘓隴長官司	四川省白玉縣遼西鄉境內《中國歷史地圖集》
〔135〕巴塘宣撫司	四川省巴塘縣
〔136〕巴塘副宣撫司	四川省巴塘縣
10）嘉定府	
領縣七，廳一	《皇朝續文獻通攷》舊領縣七，嘉慶十三年置峨邊廳，凡領廳一，縣七
〔137〕樂山縣	附郭，四川省樂山市
〔138〕峨眉縣	四川省峨眉山市
〔139〕洪雅縣	四川省洪雅縣
〔140〕夾江縣	四川省夾江縣
〔141〕犍爲縣	四川省犍爲縣
〔142〕榮縣	四川省容縣
〔143〕威遠縣	四川省威遠縣
〔144〕峨邊廳	四川省峨邊縣大堡鎮
11）潼川府	
領縣八	
〔145〕三臺縣	附郭，四川省三臺縣
〔146〕射洪縣	四川省射洪縣金華鎮
〔147〕鹽亭縣	四川省鹽亭縣

四 川 統 部	今 地 攷
〔148〕中江縣	四川省中江縣
〔149〕遂寧縣	四川省遂寧市
〔150〕蓬溪縣	四川省蓬溪縣
〔151〕安岳縣	四川省安岳縣
〔152〕樂至縣	四川省樂至縣
12）綏定府	
今領縣五	《皇朝續文獻通攷》本爲達州直隸州，領縣三，嘉慶七年升府，改所屬之太平縣爲達縣，設太平廳，十九年移順慶府之渠縣，大竹兩縣來隸，道光元年移太平廳同知駐城口，改城口廳，而以太平廳復設太平縣，凡領廳一，縣六 太平縣：四川省萬源市 城口廳：重慶市城口縣
〔153〕達縣	附郭，四川省達州市
〔154〕東鄉縣	四川省宣漢縣
〔155〕新寧縣	四川省開江縣
〔156〕渠縣	四川省渠縣
〔157〕大竹縣	四川省大竹縣
13）眉州	四川省眉山市
領縣三	
〔158〕丹稜縣	四川省丹稜縣
〔159〕彭山縣	四川省彭山縣
〔160〕青神縣	四川省青神縣
14）邛州	四川省邛崍市
領縣二	
〔161〕大邑縣	四川省大邑縣
〔162〕浦江縣	四川省蒲江縣
15）瀘州	四川省瀘州市
領縣三，土司一	《皇朝續文獻通攷》舊領縣三，長官司一，曰九姓，光緒三十四年改爲古宋縣，移屬酉陽州，凡領縣三
〔163〕納谿縣	四川省納溪區
〔164〕合江縣	四川省合江縣
〔165〕江安縣	四川省江安縣
〔166〕九姓長官司	四川省興文縣古宋鎮附近
16）資州	四川省資中縣

四 川 統 部	今 地 攷
領縣四	
〔167〕資陽縣	四川省資陽市
〔168〕內江縣	四川省內江市
〔169〕仁壽縣	四川省仁壽縣
〔170〕井研縣	四川省井研縣
17）綿州	四川省綿陽市
領縣五	《皇朝續文獻通攷》舊領縣四，嘉慶六年復設羅江縣，凡領縣五
〔171〕德陽縣	四川省德陽市
〔172〕羅江縣	四川省羅江縣
〔173〕安縣	四川省安縣
〔174〕綿竹縣	四川省綿竹市
〔175〕梓潼縣	四川省梓潼縣
18）茂州	四川省茂縣
領縣一，土司九	《皇朝續文獻通攷》舊領縣二，宣撫司二，長官司三，嘉慶元年改瓦寺安撫司爲宣慰司，六年省保縣入理番廳，凡領縣一，宣慰司一，安撫司一，長官司三 長寧安撫司：在茂州西北四十里，北緯三十一度五十分，西經十二度四十分，具體位置待攷。
〔176〕汶川縣	四川省汶川縣綿虒鎮
〔177〕瓦寺宣慰司	四川省汶川縣綿虒鎮塗禹山
〔178〕靜州長官司	四川省茂縣鳳儀鎮靜州村
〔179〕岳希長官司	四川省茂縣鳳儀鎮水西村
〔180〕隴木長官司	四川省茂縣光明鄉。《皇朝續文獻通攷》有龐木長官司，疑即爲隴木長官司
〔181〕水草坪巡檢土司	四川省茂縣飛紅鄉水草坪村。《皇朝續文獻通攷》列爲屬司
〔182〕牟托巡檢土司	四川省茂縣南新鎮牟托村。《皇朝續文獻通攷》列爲屬司
〔183〕竹木坎副巡檢土司	四川省茂縣黑虎鄉竹木坎村。《皇朝續文獻通攷》列爲屬司
〔184〕沙壩安撫司	四川省茂縣回龍鄉沙壩村。《皇朝續文獻通攷》作土千戶
〔185〕寶大關副長官司	四川省茂縣石大關鄉。《皇朝續文獻通攷》無
19）忠州	重慶市忠縣
領縣三	

四川統部	今地攷
〔186〕酆都縣	重慶市豐都縣老縣城，現已為三峽水庫淹沒
〔187〕墊江縣	重慶市墊江縣
〔188〕梁山縣	重慶市梁平縣
20）酉陽州	重慶市酉陽縣
領縣三	《皇朝續文獻通攷》凡領縣三，長官司三 石耶洞長官司：重慶市秀山縣石耶鎮，後改土千總職銜《欽定大清會典》（嘉慶） 邑梅洞長官司：重慶市秀山縣梅江鎮，後改土千總職銜《欽定大清會典》（嘉慶） 地壩副長官司：重慶市秀山縣西。《皇朝續文獻通攷》在州南一百里，北緯二十八度三十分，西經七度三十分。後改土把總職銜《欽定大清會典》（嘉慶）
〔189〕秀山縣	重慶市秀山縣
〔190〕黔江縣	重慶市黔江區
〔191〕彭水縣	重慶市彭水縣
21）敘永廳	四川省敘永縣
領縣一	《皇朝續文獻通攷》永寧州本名敘永直隸廳，領縣一曰永寧，附郭，光緒三十四年改古藺，增古宋縣，凡領縣二 古宋縣：四川省興文縣古宋鎮
〔192〕永寧縣	四川省古藺縣
22）松潘廳	四川省松潘縣。
23）石砫廳	重慶市石柱縣
領土司一	
〔193〕石砫通判土司	重慶市石柱縣
24）雜谷廳	四川省理縣薛城鎮
領土司四	《皇朝續文獻通攷》理番廳，本名雜谷，乾隆二十五年改，嘉慶六年省茂州之保縣入之，旋改稱，凡領宣慰司一，長官司三
〔194〕從噶克長官司	又名松崗長官司，四川省馬爾康縣松崗鎮
〔195〕卓克采〔註4〕長官司	四川省馬爾康縣卓克基鎮西索村，有卓克基土司官寨，《欽定大清會典》（嘉慶）作卓克基
〔196〕梭磨宣慰司	四川省馬爾康縣梭磨鄉
〔197〕丹壩長官司	四川省馬爾康縣黨壩鄉
25）太平廳	四川省萬源市

〔註 4〕現名卓克基。

四 川 統 部	今 地 攷
26）懋功廳	四川省小金縣
領屯務五，土司二	《皇朝續文獻通攷》乾隆四十一年以大小金川地分置美諾及阿爾古兩廳，四十四年併阿爾古入美諾，旋改懋功廳，駐同知，理五屯事務，凡領屯五，安撫司二
〔198〕懋功屯	四川省小金縣
〔199〕撫邊屯	四川省小金縣撫邊鄉
〔200〕章谷屯	四川省丹巴縣章谷鎮
〔201〕崇化屯	四川省金川縣安寧鄉附近
〔202〕綏靖屯	四川省金川縣
〔203〕鄂克什安撫司	四川省小金縣沃日鄉官寨村
〔204〕綽司甲布宣撫司	四川省金川縣觀音橋鎮綽斯甲村

十七、福建統部

《大清一統志》（嘉慶）卷四百二十四至卷四百三十九

福 建 統 部	今 地 攷
凡領府十，直隸州二	《皇朝續文獻通攷》舊領府十，直隸州二，縣六十二，嘉慶三年增雲霄廳，光緒十一年改臺灣府爲行省，仍以所屬四縣隸之，凡領府九，直隸州二，散廳一，縣五十八。
1）福州府	
領縣十	
〔1〕閩縣	附郭，福建省福州市
〔2〕侯官縣	福建省福州市
〔3〕長樂縣	福建省長樂市
〔4〕福清縣	福建省福清市
〔5〕連江縣	福建省連江縣
〔6〕羅源縣	福建省羅源縣
〔7〕古田縣	福建省古田縣古田水庫淹沒區
〔8〕屏南縣	福建省屏南縣雙溪鎮
〔9〕閩清縣	福建省閩清縣
〔10〕永福縣	福建省永泰縣
2）興化府	
領縣二	
〔11〕莆田縣	附郭，福建省莆田市
〔12〕仙遊縣	福建省仙遊縣
3）泉州府	福建省泉州市
領縣五	
〔13〕晉江縣	福建省晉江市
〔14〕南安縣	福建省南安市豐州鎮
〔15〕惠安縣	福建省惠安縣
〔16〕同安縣	福建省廈門市同安區
〔17〕安溪縣	福建省安溪縣
4）漳州府	
領縣七	《皇朝續文獻通攷》舊領縣七，嘉慶間增雲霄廳，凡領廳一，縣七 雲霄廳：福建省雲霄縣

福 建 統 部	今 地 攷
〔18〕龍溪縣	附郭，福建省漳州市
〔19〕漳浦縣	福建省漳浦縣
〔20〕海澄縣	福建省龍海市
〔21〕南靖縣	福建省南靖縣靖城鎮
〔22〕長泰縣	福建省長泰縣
〔23〕平和縣	福建省平和縣九峰鎮
〔24〕詔安縣	福建省詔安縣
5）延平府	
領縣六	
〔25〕南平縣	附郭，福建省南平市
〔26〕順昌縣	福建省順昌縣
〔27〕將樂縣	福建省將樂縣
〔28〕沙縣	福建省沙縣
〔29〕尤溪縣	福建省尤溪縣
〔30〕永安縣	福建省永安市
6）建寧府	
領縣七	
〔31〕建安縣	附郭，福建省建甌市
〔32〕甌寧縣	福建省建甌市
〔33〕建陽縣	福建省建陽市
〔34〕崇安縣	福建省武夷山市
〔35〕浦城縣	福建省浦城縣
〔36〕松溪縣	福建省松溪縣
〔37〕政和縣	福建省政和縣
7）邵武府	
領縣四	
〔38〕邵武縣	附郭，福建省邵武市
〔39〕光澤縣	福建省光澤縣
〔40〕建寧縣	福建省建寧縣
〔41〕泰寧縣	福建省泰寧縣
8）汀州府	
領縣八	
〔42〕長汀縣	附郭，福建省長汀縣
〔43〕寧化縣	福建省寧化縣

福 建 統 部	今 地 攷
〔44〕清流縣	福建省清流縣
〔45〕歸化縣	福建省明溪縣
〔46〕連城縣	福建省連城縣
〔47〕上杭縣	福建省上杭縣
〔48〕武平縣	福建省武平縣
〔49〕永定縣	福建省永定縣
9）福寧府	
領縣五	
〔50〕霞浦縣	附郭，福建省霞浦縣
〔51〕福鼎縣	福建省福鼎市
〔52〕福安縣	福建省福安市
〔53〕寧德縣	福建省寧德市
〔54〕壽寧縣	福建省壽寧縣
10）臺灣府	
領縣四	此處缺少州縣，可參見《皇朝續文獻通攷》臺灣省
〔55〕臺灣縣	附郭，臺灣臺南市
〔56〕鳳山縣	臺灣高雄市
〔57〕嘉義縣	臺灣嘉義市
〔58〕彰化縣	臺灣彰化縣
11）永春州	福建省永春縣
領縣二	
〔59〕德化縣	福建省德化縣
〔60〕大田縣	福建省大田縣
12）龍巖州	福建省龍岩市
領縣二	
〔61〕漳平縣	福建省漳平市
〔62〕寧洋縣	福建省永安市小陶鎮

十八、廣東統部

《大清一統志》（嘉慶）卷四百四十至卷四百五十九

廣 東 統 部	今 地 攷
共領府九，州四，廳二	《皇朝續文獻通攷》舊領府十，直隸州三，散廳一，散州七，縣八十，嘉慶十六年復置佛岡直隸廳，十七年降南雄府爲州，省保昌縣，二十一年升連州之連山縣爲直隸廳，同治五年升肇慶府之陽江縣爲直隸廳，七年增置赤溪直隸廳，光緒十四年升廉州府之欽州直隸，增置防城縣，三十一年升瓊州府之崖州直隸，降萬州爲縣，三十二年改陽江廳爲直隸州，凡領府九，直隸廳三，直隸州七，散廳一，州四，縣七十九 赤溪廳：廣東省台山市赤溪鎮
1）廣州府	
領縣十四	
〔1〕南海縣	附郭，廣東省廣州市
〔2〕番禺縣	廣東省廣州市
〔3〕順德縣	廣東省佛山市順德區
〔4〕東莞縣	廣東省東莞市
〔5〕從化縣	廣東省從化市
〔6〕龍門縣	廣東省龍門縣
〔7〕增城縣	廣東省增城市
〔8〕新會縣	廣東省江門市新會區
〔9〕香山縣	廣東省中山市
〔10〕三水縣	廣東省佛山市三水區
〔11〕新寧縣	廣東省台山市
〔12〕清遠縣	廣東省清遠市
〔13〕新安縣	廣東省深圳市南山區
〔14〕花縣	廣東省廣州市花都區
2）韶州府	
領縣六	
〔15〕曲江縣	附郭，廣東省韶關市
〔16〕樂昌縣	廣東省樂昌市
〔17〕仁化縣	廣東省仁化縣
〔18〕乳源縣	廣東省乳源縣
〔19〕翁源縣	廣東省翁源縣翁城鎮
〔20〕英德縣	廣東省英德市

廣 東 統 部	今 地 攷
3）惠州府	
領州一，縣九	
〔21〕歸善縣	附郭，廣東省惠州市
〔22〕博羅縣	廣東省博羅縣
〔23〕長寧縣	廣東省新豐縣
〔24〕永安縣	廣東省紫金縣
〔25〕海豐縣	廣東省海豐縣
〔26〕陸豐縣	廣東省陸豐市
〔27〕龍川縣	廣東省龍川縣佗城鎮
〔28〕連平州	廣東省連平縣
〔29〕河源縣	廣東省河源市
〔30〕和平縣	廣東省和平縣
4）潮州府	
領縣九	《皇朝續文獻通攷》凡領廳一，縣九
	南澳廳，雍正十年置，廣東省南澳縣深澳鎮
〔31〕海陽縣	附郭，廣東省潮州市
〔32〕潮陽縣	廣東省汕頭市潮陽區
〔33〕揭陽縣	廣東省揭陽市
〔34〕饒平縣	廣東省饒平縣三饒鎮
〔35〕惠來縣	廣東省惠來縣
〔36〕大埔縣	廣東省大埔縣茶陽鎮
〔37〕澄海縣	廣東省澄海區
〔38〕普寧縣	廣東省普寧市洪陽鎮
〔39〕豐順縣	廣東省豐順縣豐良鎮
5）肇慶府	
共領州一，縣十二	《皇朝續文獻通攷》舊領州一，縣十二，同治五年升所屬陽江縣為直隸廳，光緒三十二年以陽春，恩平二縣改屬陽江州，凡領州一，縣九
	陽江州，本肇慶府屬縣，同治五年升直隸廳，光緒三十二年改直隸州，並移陽春，恩平二縣屬之
〔40〕高要縣	附郭，廣東省肇慶市
〔41〕四會縣	廣東省四會市
〔42〕新興縣	廣東省新興縣
〔43〕陽春縣	廣東省陽春市
〔44〕陽江縣	廣東省陽江市

廣東統部	今　地　攷
〔45〕高明縣	廣東省佛山市高明區明城鎮
〔46〕恩平縣	廣東省恩平市
〔47〕廣寧縣	廣東省廣寧縣
〔48〕開平縣	廣東省開平市蒼城鎮
〔49〕鶴山縣	廣東省鶴山市鶴城鎮
〔50〕德慶州	廣東省德慶縣
〔51〕封川縣	廣東省封開縣江川鎮
〔52〕開建縣	廣東省封開縣南豐鎮
6）高州府	
領州一，縣五	
〔53〕茂名縣	附郭，廣東省茂名市
〔54〕電白縣	廣東省電白縣電城鎮
〔55〕信宜縣	廣東省信宜市鎮隆鎮
〔56〕化州	廣東省化州市
〔57〕吳川縣	廣東省吳川市縣吳陽鎮
〔58〕石城縣	廣東省廉江市
7）廉州府	
領州一，縣二	《皇朝續文獻通攷》舊領州一，縣二，光緒十四年升欽州爲直隸廳，凡領縣二 欽州，本屬廉州府，光緒十四年升直隸，又增置防城縣屬之，凡領縣一 防城縣：廣西防城港市江山鄉白龍村
〔59〕合浦縣	附郭，廣東省合浦縣
〔60〕欽州	廣東省欽州市
〔61〕靈山縣	廣東省靈山縣
8）雷州府	
領縣三	
〔62〕海康縣	附郭，廣東省雷州市
〔63〕遂溪縣	廣東省遂溪縣
〔64〕徐聞縣	廣東省徐聞縣
9）瓊州府	
領州三，縣十	《皇朝續文獻通攷》舊領州三，縣十，光緒三十一年升崖州爲直隸，並降萬州爲縣，與昌化，陵水，感恩同隸之，凡領州一，縣七 崖州，本屬瓊州府，光緒三十一年升直隸州，並降府屬之萬州爲萬縣，與昌化，陵水，感恩三縣並來屬，凡領縣四

廣 東 統 部	今 地 攷
〔65〕瓊山縣	附郭，海南省海口市
〔66〕澄邁縣	海南省澄邁縣老城鎮
〔67〕定安縣	海南省安定縣
〔68〕文昌縣	海南省文昌市
〔69〕會同縣	海南省瓊海市
〔70〕樂會縣	海南省瓊海市博鰲鎮樂城村
〔71〕臨高縣	海南省臨高縣
〔72〕儋州	海南省儋州市新州鎮
〔73〕昌化縣	海南省昌江縣昌化鎮
〔74〕萬州	海南省萬寧市
〔75〕陵水縣	海南省陵水縣
〔76〕崖州	海南省三亞市崖城鎮
〔77〕感恩縣	海南省東方市感城鎮
10）南雄州	廣東省南雄市
領縣一	《皇朝續文獻通攷》本爲府，領縣二，嘉慶十七年改爲直隸州，省保昌縣，凡領縣一。
〔78〕始興縣	廣東省始興縣
11）連州	廣東省連州市 《皇朝續文獻通攷》舊領縣二，嘉慶二十一年升改連山縣爲直隸廳，凡領縣一
今領縣一	
〔79〕陽山縣	廣東省陽山縣
12）嘉應州	廣東省梅州市
領縣四	
〔80〕興寧縣	廣東省興寧市
〔81〕長樂縣	廣東省五華縣華城鎮
〔82〕平遠縣	廣東省平遠縣仁居鎮
〔83〕鎮平縣	廣東省蕉嶺縣
13）羅定州	廣東省羅定市
領縣二	
〔84〕東安縣	廣東省雲浮市
〔85〕西寧縣	廣東省鬱南縣建城鎮
14）佛岡廳	廣東省佛岡縣。《皇朝續文獻通攷》國朝雍正九年置同知，隸廣州府，乾隆七年廢，嘉慶十八年復置。
15）連山廳	廣東省連山縣太保鎮。《皇朝續文獻通攷》本連州屬縣，嘉慶二十一年改升直隸廳

十九、廣西統部

《大清一統志》（嘉慶）卷四百六十至卷四百七十四

廣 西 統 部	今 地 攷
共領府十一，直隸州一	
1）桂林府	
領廳一，州二，縣七	《皇朝續文獻通攷》舊領廳一，州二，縣七，光緒三十二年於平樂鎮增設中渡廳同知，凡領廳二，州二，縣七 中渡廳：廣西鹿寨縣中渡鎮
〔1〕臨桂縣	附郭，廣西桂林市
〔2〕興安縣	廣西興安縣
〔3〕靈川縣	廣西靈川縣
〔4〕陽朔縣	廣西陽朔縣
〔5〕永寧州	廣西永福縣百壽鎮
〔6〕永福縣	廣西永福縣
〔7〕義寧縣	廣西桂林市五通鎮
〔8〕全州	廣西全州縣
〔9〕灌陽縣	廣西灌陽縣
〔10〕龍勝廳	廣西龍勝縣
2）柳州府	
領州一，縣七	
〔11〕馬平縣	附郭，廣西柳江縣
〔12〕雒榮縣	廣西鹿寨縣雒容鎮
〔13〕羅城縣	廣西羅城縣
〔14〕柳城縣	廣西柳城縣鳳山鎮
〔15〕懷遠縣	廣西三江縣丹洲鎮
〔16〕融縣	廣西融水縣
〔17〕象州	廣西象州縣
〔18〕來賓縣	廣西來賓市
3）慶遠府	
領州二，縣三，土州二，土縣一，土州同一，長官司三	《皇朝續文獻通攷》舊領州二，縣三，土州三，土縣一，土司三，光緒三十一年增安化廳，凡領廳一，州二，縣三，土州三，土縣一，土司三 安化廳：廣西環江縣明倫鎮
〔19〕宜山縣	附郭，廣西宜州市

廣 西 統 部	今 地 攷
〔20〕天河縣	廣西羅城縣天河鎮
〔21〕河池州	廣西河池市河池鎮
〔22〕思恩縣	廣西環江縣
〔23〕東蘭州	廣西東蘭縣
〔24〕那地土州	廣西南丹縣吾隘鎮那地村
〔25〕南丹土州	廣西南丹縣
〔26〕忻城土縣	廣西忻城縣
〔27〕永定長官司	廣西宜州市石別鎮三寨村
〔28〕永順正長官司	廣西宜州市龍頭鄉龍頭村
〔29〕永順副長官司	廣西宜州市劉三姐鄉下勞村
4）思恩府	廣西武鳴縣府城鎮
領州一，縣三，土州一，土縣一，土州判一，土司九	《皇朝續文獻通攷》舊領廳一，州一，縣三，土州二，土縣一，土司九，同治九年廢那馬土司，改置那馬廳，光緒元年升百色廳為直隸，又廢土田州，改置恩隆縣，與上林土縣，下旺土司移隸百色廳，五年改陽萬土州判為恩陽州判，並隸百色廳，凡領廳一，州一，縣三，土司七
	百色廳：明屬土田州，國初因之，康熙三年改屬思恩府，雍正七年選思恩府理苗同知，駐百色，曰百色廳，光緒元年升直隸，田州改土歸流，置恩隆縣，與思恩府屬之上林土縣，下旺土司並屬焉，五年又以陽萬土州判改流為恩陽州判來屬之，凡領縣一，州判一，土縣一，土司一
	百色直隸廳：廣西百色市
	陽萬土州判（恩陽州判）：廣西田陽縣那坡鎮那音村附近
〔30〕武緣縣	廣西武鳴縣
〔31〕賓州	廣西賓陽縣賓州鎮，《地圖》作蘆圩鎮
〔32〕遷江縣	廣西來賓市興賓區遷江鎮
〔33〕上林縣	廣西上林縣
〔34〕田州土州	廣西田東縣祥周鄉祥周村舊州屯，《中國歷史地圖集》作廣西田陽縣，待攷。《皇朝續文獻通攷》光緒元年田州改土歸流，置恩隆縣
〔35〕上林土縣	廣西田東縣思林鎮遠街村附近
〔36〕白山土司	廣西馬山縣白山鎮
〔37〕興隆土司	廣西馬山縣林圩鎮興隆村
〔38〕定羅土司	廣西馬山縣永州鎮定羅村
〔39〕舊城土司	廣西平果縣舊城鎮興寧村
〔40〕下旺土司	廣西平果縣海城鄉那海村。《皇朝續文獻通攷》無，已屬百色廳

廣 西 統 部	今 地 攷
〔41〕那馬土司	廣西馬山縣周鹿鎮。《皇朝續文獻通攷》同治九年廢那馬土司，改置那馬廳。
〔42〕都陽土司	廣西都安縣都陽鎮都陽村
〔43〕古零土司	廣西馬山縣古零鎮古零村
〔44〕安定土司	廣西都安縣
5）泗城府	
領州一，縣二	
〔45〕淩雲縣	附郭，廣西淩雲縣
〔46〕西隆州	廣西隆林縣
〔47〕西林縣	廣西田林縣安定鎮
6）平樂府	
領州一，縣七	
〔48〕平樂縣	附郭，廣西平樂縣
〔49〕恭城縣	廣西恭城縣
〔50〕富川縣	廣西富川縣
〔51〕賀縣	廣西賀州市八步區賀街鎮
〔52〕荔浦縣	廣西荔浦縣
〔53〕修仁縣	廣西荔浦縣修仁鎮
〔54〕昭平縣	廣西昭平縣
〔55〕永安州	廣西蒙山縣
7）梧州府	
今領縣五	
〔56〕蒼梧縣	附郭，廣西梧州市
〔57〕藤縣	廣西藤縣
〔58〕容縣	廣西容縣
〔59〕岑溪縣	廣西岑溪市
〔60〕懷集縣	廣西懷集縣
8）潯州府	
領縣四	
〔61〕桂平縣	附郭，廣西桂平市
〔62〕平南縣	廣西平南縣
〔63〕貴縣	廣西貴港市
〔64〕武宣縣	廣西武宣縣
9）南寧府	

廣 西 統 部	今 地 攷
領州三，縣三，土州三	《皇朝續文獻通攷》舊領州三，縣三，土州三，土司一，光緒十三年上思州移屬太平府，十八年遷隆峒土司改隸上思，凡領州二，縣三，土州三
〔65〕宣化縣	附郭，廣西南寧市
〔66〕新寧州	廣西扶綏縣
〔67〕隆安縣	廣西隆安縣
〔68〕橫州	廣西橫縣
〔69〕永淳縣	廣西橫縣巒城鎮
〔70〕上思州	廣西上思縣
	《皇朝續文獻通攷》上思廳，本南寧府屬州，光緒十三年移屬太平府，十八年升改直隸廳，移南寧府屬之遷隆土司隸之，凡領土司一
	遷隆峒土司：廣西寧明縣那勘鄉遷隆村
〔71〕歸德土州	廣西平果縣坡造鎮歸德村
〔72〕果化土州	廣西平果縣果化鎮
〔73〕忠州土州	廣西扶綏縣東門鎮舊城村
10）太平府	
領廳二，州四，縣一，土州十六，土縣二，土司一	《皇朝續文獻通攷》舊領廳一，州四，縣一，土州十七，土縣二，土司一，光緒十三年上思州來屬，十八年升上思州為直隸廳，宣統二年憑祥土州改流，置憑祥廳，以上石西土州入之，凡領廳二，州四，縣一，土州十五，土縣二，土司一
〔74〕崇善縣	附郭，廣西崇左市
〔75〕左州	廣西崇左市左州鎮
〔76〕養利州	廣西大新縣
〔77〕永康州	廣西扶綏縣中東鎮
〔78〕寧明州	廣西寧明縣
〔79〕太平土州	廣西大新縣雷平鎮
〔80〕安平土州	廣西大新縣雷平鎮安平村
〔81〕萬承土州	廣西大新縣龍門鄉
〔82〕茗盈土州	廣西大新縣全茗鎮茗盈村
〔83〕全茗土州	廣西大新縣全茗鎮
〔84〕龍英土州	廣西天等縣龍茗鎮
〔85〕佶倫土州	廣西天等縣進結鎮。《皇朝續文獻通攷》作結倫土州
〔86〕結安土州	廣西天等縣進結鎮結安村
〔87〕鎮遠土州	廣西天等縣進遠鄉
〔88〕都結土州	廣西隆安縣都結鄉

廣 西 統 部	今 地 攷
〔89〕思陵土州	廣西寧明縣峙浪鄉思陵村
〔90〕江州土州	廣西崇左市江州鎮
〔91〕思州土州	廣西寧明縣海淵鎮思州村
〔92〕下石西土州	廣西寧明縣夏石鎮
〔93〕上下凍土州	廣西龍州縣下凍鎮
〔94〕憑祥土州	廣西憑祥市。《皇朝續文獻通攷》宣統二年憑祥土州改流，置憑祥廳。
〔95〕羅白土縣	廣西崇左市羅白鄉
〔96〕羅陽土縣	廣西扶綏縣中東鎮舊城村
〔97〕上龍土司	廣西龍州縣上龍鄉上龍村
〔98〕明江廳	廣西寧明縣明江鎮
〔99〕龍州廳	廣西龍州縣
11）鎮安府	
領廳一，州二，縣一，土州四	《皇朝續文獻通攷》舊領廳一，州二，縣一，土州四，土司一，光緒十二年升所屬歸順州為直隸，降改小鎮安廳為鎮邊縣，與下雷土州往屬之，其湖潤寨土司則乾隆十二年已併入歸順縣，凡領州一，縣一，土州三
〔100〕天保縣	附郭，廣西德保縣
〔101〕奉議州	廣西田陽縣田州鎮興城村
〔102〕歸順州	廣西靖西縣
	《皇朝續文獻通攷》歸順州，原屬鎮安府，光緒十二年升，並降改鎮安府屬之小鎮安廳為鎮邊縣，與下雷土州隸焉，凡領縣一，土州一
〔103〕向武土州	廣西天等縣向都鎮
〔104〕都康土州	廣西天等縣都康鄉
〔105〕上映土州	廣西天等縣上映鄉
〔106〕下雷土州	廣西大新縣下雷鎮
〔107〕小鎮安廳	廣西那坡縣
12）鬱林州	廣西玉林市
領縣四	
〔108〕博白縣	廣西博白縣
〔109〕北流縣	廣西北流市
〔110〕陸川縣	廣西陸川縣
〔111〕興業縣	廣西興業縣

二十、雲南統部

《大清一統志》（嘉慶）卷四百七十五至卷四百九十八

雲 南 統 部	今 地 玫
共領府十四，直隸州四，直隸廳四	《皇朝續文獻通攷》舊領府十四，直隸廳四，直隸州四，乾隆三十五年降威遠爲散廳，光緒十三年增鎭遠廳，二十年改鎭沅州爲廳，三十四年升昭通府之鎭雄州爲直隸，凡領府十四，直隸廳五，直隸州四，散廳十二，散州二十六，縣三十九
1）雲南府	
領州四，縣七	
〔1〕昆明縣	附郭，雲南省昆明市
〔2〕富民縣	雲南省富民縣
〔3〕宜良縣	雲南省宜良縣
〔4〕嵩明州	雲南省嵩明縣
〔5〕晉寧州	雲南省晉寧縣晉城鎭
〔6〕呈貢縣	雲南省昆明市呈貢區
〔7〕安寧州	雲南省安寧市
〔8〕羅次縣	雲南省祿豐縣碧城鎭
〔9〕祿豐縣	雲南省祿豐縣金山鎭
〔10〕昆陽州	雲南省晉寧縣
〔11〕易門縣	雲南省易門縣
2）大理府	
領州四，縣三，長官司一	
〔12〕太和縣	附郭，雲南省大理市
〔13〕趙州	雲南省大理市鳳儀鎭
〔14〕雲南縣	雲南省祥雲縣
〔15〕鄧川州	雲南省洱源縣鄧川鎭
〔16〕浪穹縣	雲南省洱源縣
〔17〕賓川州	雲南省賓川縣州城鎭
〔18〕雲龍州	雲南省雲龍縣寶豐鄉
〔19〕十二關長官司	雲南省祥雲縣米甸鎭楚場村
3）臨安府	
領州三，縣五，長官司五	
〔20〕建水縣	附郭，雲南省建水縣

雲 南 統 部	今 地 攷
〔21〕石屏州	雲南省石屏縣
〔22〕阿迷州	雲南省開遠市
〔23〕寧州	雲南省華寧縣
〔24〕通海縣	雲南省通海縣
〔25〕河西縣	雲南省通海縣河西鎮
〔26〕嶍峨縣	雲南省峨山縣
〔27〕蒙自縣	雲南省蒙自市
〔28〕虧容甸長官司	雲南省紅河縣勐龍鄉大寨村
〔29〕納樓茶甸長官司	雲南省建水縣官亭鎮
〔30〕落恐甸長官司	雲南省紅河縣寶華鄉朝陽村
〔31〕左能寨長官司	雲南省紅河縣寶華鄉嘎他村
〔32〕思陀甸長官司	雲南省紅河縣樂育鄉樂育村
4）楚雄府	
領州三，縣四	
〔33〕楚雄縣	附郭，雲南省楚雄市
〔34〕鎮南州	雲南省南華縣
〔35〕南安州	雲南省楚雄市子午鎮雲龍村，轄境爲今雲南省雙柏縣
〔36〕定遠縣	雲南省牟定縣
〔37〕廣通縣	雲南省祿豐縣廣通鎮
〔38〕姚州	雲南省姚安縣
〔39〕大姚縣	雲南省大姚縣
〔40〕直隸黑鹽井鹽課提舉司	雲南省祿豐縣黑井鎮
〔41〕直隸琅井鹽課提舉司	雲南省祿豐縣妥安鄉琅井村
〔42〕直隸白鹽井鹽課提舉司	雲南省大姚縣石羊鎮
5）澂江府	
領州二，縣二	
〔43〕河陽縣	附郭，雲南省澂江縣
〔44〕江川縣	雲南省江川縣江城鎮
〔45〕新興州	雲南省玉溪市

雲 南 統 部	今 地 攷
〔46〕路南州	雲南省石林縣
6）廣南府	
領縣一，土州一	
〔47〕寶寧縣	附郭，雲南省廣南縣
〔48〕土富州	雲南省富寧縣歸朝鎮
7）順寧府	
領州一，縣一，宣撫司一，長官司一	《皇朝續文獻通攷》舊領廳州縣宣撫司各一，土司二，光緒二十年孟連長官司還屬永昌，凡領廳一，州一，縣一，宣撫司一，土司一 緬寧廳：雲南省臨滄市 猛猛土巡檢：疑即云南省雙江縣勐勐鎮
〔49〕順寧縣	附郭，雲南省鳳慶縣
〔50〕雲州	雲南省雲縣
〔51〕緬寧通判	雲南省臨滄市
〔52〕直隸耿馬宣撫司	雲南省耿馬縣
〔53〕孟連長官司	雲南省孟連縣。《皇朝續文獻通攷》此處無孟連長官司，於永昌府下列孟連宣撫司。《欽定大清會典》（嘉慶）又設雲南孟連長官司長官一人。乾隆二十九年裁。三十九年。改設宣撫使。
8）曲靖府	
今領州六，縣二	
〔54〕南寧縣	附郭，雲南省曲靖市
〔55〕霑益州	雲南省霑益縣
〔56〕陸涼州	雲南省陸良縣
〔57〕羅平州	雲南省羅平縣
〔58〕馬龍州	雲南省馬龍縣
〔59〕尋甸州	雲南省尋甸縣
〔60〕平彝縣	雲南省富源縣
〔61〕宣威州	雲南省宣威市
9）麗江府	
今領州二，縣一	《皇朝續文獻通攷》凡領廳二，州二，縣一
〔62〕麗江縣	附郭，雲南省麗江市
〔63〕鶴慶州	雲南省鶴慶縣

雲南統部	今地攷
〔64〕劍川州	雲南省劍川縣
〔65〕中甸同知	雲南省香格里拉縣。《皇朝續文獻通攷》作中甸廳
〔66〕維西通判	雲南省維西縣。《皇朝續文獻通攷》作維西廳
10）普洱府	
領縣一	《皇朝續文獻通攷》凡領廳三，縣一 車裏宣慰司：雲南省景洪市勐養鎮 倚邦〔註 5〕土司：雲南省勐臘縣象明彝族鄉倚邦街 易武土司：雲南省勐臘縣易武鄉 普藤土司：雲南省景洪市普文鎮 猛旺土司：雲南省景洪市勐旺鄉 整董土司：雲南省江城縣整董鎮 猛烏土司：老撾豐沙裏省孟烏怒 烏得土司：老撾豐沙裏省孟烏太 猛臘土司：雲南省勐臘縣 猛遮土司：雲南省勐海縣勐遮鎮 猛籠土司：雲南省景洪市勐龍鎮 六困土司：雲南省普洱市思茅區六順鄉 猛往土司：雲南省勐海縣勐往鄉 猛艮土司（土指揮使）：緬甸撣邦景棟，蠻名孟捎，亦名整東（《清文獻通攷》）《中國西南歷史地理攷釋》頁一○一七 整欠土司（土指揮）：整欠即景干，爲老撾會晒省北部之地（《清文獻通攷》）《中國西南歷史地理攷釋》頁一○一八 猛勇土司（土千總）：今雲南省西雙版納大猛籠邊外有猛勇地名，當是猛勇土司治所。（《清文獻通攷》《中國西南歷史地理攷釋》頁一○一八 以上三土司皆設於乾隆三十一年，猛艮土司，整欠土司爲土指揮使，猛勇土司爲土千戶，清緬戰爭後清廷實未控制。
〔67〕寧洱縣	附郭，雲南省寧洱縣
〔68〕威遠同知	雲南省景谷縣。《皇朝續文獻通攷》作威遠廳
〔69〕思茅同知	雲南省普洱市思茅區。《皇朝續文獻通攷》作思茅廳
〔70〕他郎通判	雲南省墨江縣。《皇朝續文獻通攷》作他郎廳
11）永昌府	

〔註 5〕《皇朝續文獻通攷》作那，今改正爲倚邦。

雲 南 統 部	今 地 攷
領縣二，土府一，土州二，安撫司一	《皇朝續文獻通攷》舊領廳一，州一，縣二，土府一，土州二，長官司二，宣撫司五，安撫司三，嘉慶二十五年升改騰越州爲直隸廳，道光二年復降爲散廳，光緒二十年以移屬順寧府之孟連長官司還隸，凡領廳二，縣二，土府一，土州二，宣撫司正四副二，安撫司三，長官司二
	騰越廳：本爲州，嘉慶二十五年升爲廳直隸廳，道光二十年復改爲廳。今雲南省騰沖縣
	龍陵廳：乾隆三十五年置，今雲南省龍陵縣
	南甸宣撫司：《大清一統志》（嘉慶）已列入騰越廳
	干崖宣撫司：《大清一統志》（嘉慶）已列入騰越廳
	隴川宣撫司：《大清一統志》（嘉慶）已列入騰越廳
	盞達副宣撫司：《大清一統志》（嘉慶）已列入騰越廳
	猛卯安撫司：《大清一統志》（嘉慶）已列入騰越廳
	戶撒長官司：《大清一統志》（嘉慶）已列入騰越廳
	臘撒長官司：《大清一統志》（嘉慶）已列入騰越廳
	遮放副宣撫司：《大清一統志》（嘉慶）已列入騰越廳
	芒市安撫司：《大清一統志》（嘉慶）已列入騰越廳
	孟連宣撫司：《大清一統志》（嘉慶）已列入順寧府，作孟連長官司，實誤，乃先爲長官司，後撤，後復設爲孟連宣撫司，實前後一也。見前文。
〔71〕保山縣	附郭，雲南省保山市
〔72〕永平縣	雲南省永平縣
〔73〕孟定土府	雲南省耿馬縣孟定鎮
〔74〕灣甸土州	雲南省昌寧縣灣甸鄉
〔75〕鎮康土州	雲南省永德縣永康鎮。《皇朝續文獻通攷》作鎮康土州，《大清一統志》（嘉慶）作土府，應爲土州，《大清一統志》（嘉慶）亦記明洪武十五年改爲土府，十七年改爲土州，本朝因之。
〔76〕潞江安撫司	雲南省保山市潞江鎮
12）開化府	
領縣一	《皇朝續文獻通攷》舊領縣一，嘉慶二十五年改白馬關全知爲安平廳，仍隸之，凡領廳一，縣一
〔77〕文山縣	附郭，雲南省文山市
〔78〕安平同知	雲南省文山市。《皇朝續文獻通攷》作安平廳
13）東川府	《皇朝續文獻通攷》凡領廳一，縣一
	巧家廳：初爲會澤驛治，雍正六年縣移附郭，嘉慶十九年析會澤北境置，今雲南省巧家縣

雲　南　統　部	今　地　攷
領縣一	
〔79〕會澤縣	附郭，雲南省會澤縣
14）昭通府	
領州一，縣二	《皇朝續文獻通攷》舊領廳二，州一，縣二，光緒三十年升鎮雄州爲直隸，增靖江縣，凡領廳二，縣三 永善縣：雲南省永善縣蓮峰鎮 靖江縣：雲南省綏江縣
〔80〕恩安縣	附郭，雲南省昭通市
〔81〕鎮雄州	雲南省鎮雄縣。《皇朝續文獻通攷》本屬昭通府，光緒三十四年升直隸州
〔82〕大關全知	雲南省大關縣。《皇朝續文獻通攷》作大關廳
〔83〕魯甸通判	雲南省魯甸縣。《皇朝續文獻通攷》作魯甸廳
15）廣西直隸州	雲南省瀘西縣
領縣二	《皇朝續文獻通攷》舊領縣二，道光二十年增邱北縣，凡領縣三
〔84〕師宗縣	雲南省師宗縣
〔85〕彌勒縣	雲南省彌勒縣
〔86〕邱北縣丞	雲南省丘北縣。《皇朝續文獻通攷》在州東北二百九十里，明維摩州地，康熙八年改置三縣，九年省，設州同駐此，乾隆三十五年改州同爲縣丞，道光二十年改縣。
16）武定直隸州	雲南省武定縣
領縣二	
〔87〕元謀縣	雲南省元謀縣
〔88〕祿勸縣	雲南省祿勸縣
17）元江直隸州	雲南省元江縣
領縣一	《皇朝續文獻通攷》凡領縣一，土司二 猛龍土司（土指揮同知）：在整欠土司之外，北緯二十一度，西經十五度。今老撾會晒省以東，南至豐沙裏之地。（《清文獻通攷》）《中國西南歷史地理攷釋》頁一〇一九 補哈土司（土千總）：在猛龍土司之西，北緯二十一度，西經十八度。今雲南省西雙版納勐臘縣外東南之老撾境內。（《清文獻通攷》）《中國西南歷史地理攷釋》頁一〇一九 此二土司皆列於《欽定大清會典》（嘉慶）中，猛龍土司爲土指揮同知，補哈土司爲土千總，皆設於乾隆三十一年，位於今老撾朗勃拉邦以北，清緬戰爭後清廷實未控制。
〔89〕新平縣	雲南省新平縣

雲 南 統 部	今 地 攷
18）鎮沅州	雲南省鎮沅縣按板鎮
領縣一	《皇朝續文獻通攷》鎮沅廳，原爲直隸州，領縣一，道光二十年改爲直隸廳，並省所屬恩樂縣〔註6〕入之
〔90〕恩樂縣	雲南省鎮沅縣
19）景東廳，土知府陶氏世襲	雲南省景東縣
20）蒙化廳，土知府左氏世襲	雲南省巍山縣
21）永北廳	雲南省永勝縣
領土府一	《皇朝續文獻通攷》原領土府一〔註7〕，土州三，土舍一，道光十九年改滇蕖土舍爲土州，北勝土州改榮坪縣，凡領縣一，土府一，土州三 榮坪縣：雲南省永勝縣 順州土州：雲南省永勝縣順州鄉 南澗土州：雲南省有南澗縣，然據《中國歷史地圖集》屬清時期之蒙化廳，非永北廳 滇蕖土州：雲南省寧蒗縣
〔91〕永寧土府	雲南省寧蒗縣永寧鄉
22）騰越廳	雲南省騰沖縣
領宣撫司五，安撫司二，長官司二	
〔92〕南甸宣撫司	雲南省梁河縣九保鄉永和村
〔93〕干崖宣撫司	雲南省盈江縣舊城鎮
〔94〕盞達副宣撫司	雲南省盈江縣附近
〔95〕隴川宣撫司	雲南省隴川縣隴把鎮
〔96〕遮放副宣撫司	雲南省芒市遮放鎮遮放村
〔97〕芒市安撫司	雲南省芒市芒市鎮
〔98〕猛卯安撫司	雲南省瑞麗市勐卯鎮。《欽定大清會典》（嘉慶）猛卯安撫使司安撫使一人。後改爲宣撫使司副使
〔99〕戶撒長官司	雲南省隴川縣戶撒鄉。《欽定大清會典》（嘉慶）戶撒長官司長官一人。康熙五十一年裁。乾隆三十五年復設
〔100〕臘撒長官司	雲南省隴川縣戶撒鄉臘撒村。《欽定大清會典》（嘉慶）臘撒長官司長官一人。雍正二年裁，乾隆三十五年復設

〔註6〕《皇朝續文獻通攷》誤作思樂縣，今改正爲恩樂縣。
〔註7〕此處一字本缺，補之。

雲　南　統　部	今　地　攷
鎮邊廳《皇朝續文獻通攷》	《皇朝續文獻通攷》廳境舊屬順寧府緬寧廳土蠻所居，光緒十三年析猓黑族及孟連，猛猛二土司上改心，下改心等地置鎮邊撫夷同知，治猛朗壩，即今雲南省瀾滄縣
《皇朝續文獻通攷》臣又案滇緬疆場時有變遷，乾隆之初西自孟拱，孟養，蠻幕三土司，南自孟艮，木邦，孟密三土司皆入版圖，可稱之爲老界，自傅恆征緬以後，六土司潛爲緬酋誘併，中國以緬爲藩屬，不復過問，於是以見屬騰越之南甸，隴川，孟卯，干崖，盞達，屬龍陵之遮放，芒市等土司，屬普洱之車裏十三猛土司爲界，西及大金沙江而止，可稱之爲新界，自咸同間滇回叛亂，緬酋貳心，旋淪於英，乘虛侵蝕，邊務轇轕於焉而起，後由曾紀澤薛福成等迭與爭諭，乃有光緒十二年及二十年之滇緬條約，被侵之地雖允歸我，然已少有蹙縮，迨二十三年續約成立，西南界綫展至太平江岸，薛福成所爭還之木邦，科干，昔馬等地皆沒於彼，勘界官總兵劉萬勝道員陳燦石銘勳等不諳地理，復因會勘而失尖高山迤西迤南各地，計喪滇灘關外地四百餘里，太平江西岸溯洗帕河至噴干慕西一帶，騰越所屬木邦，孟密，孟養，南坎，猛谷，遮蘭諸土司地數千里，而自洗帕河溯太平江至古里各戞精倫土司地數百里，自噴干退入猛卡練山之北三百餘里，自慕西至南坎河，猛卯，隴川兩土司地四百餘里，自洗帕河至紅蚌河下流里麻，猛弄，猛老地一千四五百里，及孟連，麻里壩，猛供，蠻暮，舊壤共千餘里，概爲英得，綜計可九十餘萬方里，而天馬，漢龍，虎踞三關之險亦相連失陷，誠可慨已，其北段自北緯二十五度三十五分迤北之地會勘未定，遂釀今日強佔怒夷片馬，江心坡之舉，善後之圖正大費事，滇越界務糾紛雖不似滇緬之甚，然光緒二十一年中法籤議滇越界務專約舉猛烏烏得之地以與法，因此引起滇緬之交涉，華府會議法人允反江洪，亦徒託空言，皆我人所宜知也。《皇朝續文獻通攷》	《道光雲南通志稿》備引《清文獻通攷》所記載的「征緬之役」時期所置雲南邊外土司，爲孟艮土指揮使，整欠土指揮使，猛勇土千總，整賣宣撫司，景線宣撫司，六本土守備，景海土守備，猛撒土千總，木邦土司，蠻暮土司，大山土司，猛育土司，猛龍土指揮同知，補哈土千總等十四家，根據前文所述，當不止此數，猛拱宣撫司，戞鳩土守備，猛連壩線宣猛（曾授六品頂帶）未計入，召牽，召矙喃，召那花，召那賽，叭夛等尚未確攷。《乾隆年間雲南邊外土司建置研究》

二十一、貴州統部

《大清一統志》（嘉慶）卷四百九十九至卷五百十五

貴 州 統 部	今 地 攷
共領府十二，直隸州一，直隸廳三	《皇朝續文獻通攷》舊領府十三，直隸廳一，嘉慶二年升銅仁府之松桃廳爲直隸，三年降平越府爲直隸州，十四年升興義府之普安州爲直隸，十六年改直隸廳，光緒三十四年降改仁懷，普安兩直隸廳爲散廳，凡領府十二，直隸廳一，直隸州一，散廳十三，散州十三，縣三十三
1）貴陽府	
共領州三，縣四，土司十九	《皇朝續文獻通攷》舊領廳一，州三，縣四，長官司二十四，光緒七年改長寨廳同知爲州判，屬廣順，增羅斛廳同知，凡領廳一，州三，縣四，長官司二十四 羅斛廳：廣西羅甸縣 乖西正副長官司：貴州省開陽縣雙流鎮（養牛寨） 小程番長官司：貴州省惠水縣甲烈鄉小城院 金石番長官司：貴州省惠水縣三都鎮金石村 方番長官司：貴州省惠水縣和平鎮新莊村（乾隆年間廢） 臥龍番長官司：貴州省惠水縣三都鎮臥龍壩（乾隆年間廢） 上馬橋長官司:貴州省惠水縣高鎮鎮上馬司村
〔1〕貴筑縣	附郭，貴州省貴陽市
〔2〕貴定縣	貴州省貴定縣
〔3〕龍里縣	貴州省龍里縣
〔4〕修文縣	貴州省修文縣
〔5〕開州	貴州省開陽縣
〔6〕定番州	貴州省惠水縣
〔7〕廣順州	貴州省長順縣廣順鎮
〔8〕白納長官司	貴州省貴陽市花溪區黔陶布依族苗族鄉附近。《皇朝續文獻通攷》作百納正副長官司。《欽定大清會典》（嘉慶）白納長官司長官一人。副長官一人。
〔9〕中曹長官司	貴州省貴陽市花溪區中曹司
〔10〕養龍長官司	貴州省息烽縣養龍司鄉
〔11〕新添長官司	貴州省貴定縣德新鎮新添司村
〔12〕平伐長官司	貴州省貴定縣雲霧鎮平伐村
〔13〕大平伐長官司	貴州省貴定縣抱管鄉大平司村，此與《中國歷史地圖集》定位不同

貴 州 統 部	今 地 攷
〔14〕小平伐長官司	貴州省貴定縣盤江鎮小平司村
〔15〕大谷龍長官司	貴州省龍里縣谷龍鄉大谷龍村
〔16〕小谷龍長官司	貴州省龍里縣谷龍鄉小谷龍村。《皇朝續文獻通攷》無
〔17〕羊場長官司	貴州省龍里縣羊場鎮
〔18〕底砦長官司	貴州省息烽縣西山鎮。《皇朝續文獻通攷》作底寨正副長官司
〔19〕程番長官司	貴州省惠水縣和平鎮程番村
〔20〕大龍番長官司	貴州省惠水縣大龍鄉
〔21〕小龍番長官司	貴州省惠水縣好花紅鄉小龍村
〔22〕韋番長官司	貴州省惠水縣和平鎮韋翻村
〔23〕羅番長官司	貴州省惠水縣三都鎮羅番苑
〔24〕木瓜長官司	貴州省長順縣睦化鄉。《皇朝續文獻通攷》作木瓜正副長官司
〔25〕麻響長官司	貴州省長順縣睦化鄉麻響村
〔26〕盧番長官司	貴州省惠水縣高鎮鎮盧番村
2）安順府	
共領州二，縣三，土司三	《皇朝續文獻通攷》凡領廳二，州二，縣三，長官司五 郎岱廳：貴州省六枝特區郎岱鎮 歸化廳：貴州省紫雲縣 幕役長官司：貴州省鎮寧縣募役鄉 康佐副長官司：貴州紫雲縣西南，具體位置待攷
〔27〕普定縣	附郭，貴州省普定縣
〔28〕永寧州	貴州省關嶺縣永寧鎮
〔29〕清鎮縣	貴州省清鎮市
〔30〕安平縣	貴州省平壩縣
〔31〕鎮寧州	貴州省鎮寧縣
〔32〕西堡副長官司	貴州省六盤水市六枝特區平寨鎮附近
〔33〕頂營長官司	貴州省關嶺縣頂雲鄉頂營司村
〔34〕沙營長官司	貴州省關嶺縣沙營鄉沙營村
3）都勻府	
領州二，縣三，土司七	《皇朝續文獻通攷》凡領廳三，州二，縣三，長官司七 八寨廳：貴州省丹寨縣 丹江廳：貴州省雷山縣北五公里老丹江村 都江廳：貴州省三都縣都江鎮

貴 州 統 部	今 地 攷
〔35〕都勻縣	附郭，貴州省都勻市
〔36〕麻哈州	貴州省麻江縣
〔37〕獨山州	貴州省獨山縣
〔38〕清平縣	貴州省凱里市爐山鎮
〔39〕荔波縣	貴州省荔波縣
〔40〕都勻長官司	貴州省都勻市王司鎮
〔41〕邦水長官司	貴州省都勻市甘塘鎮邦水村
〔42〕樂平長官司	貴州省麻江縣壩芒布依族鄉樂坪村
〔43〕平定長官司	貴州省麻江縣宣威鎮平定村
〔44〕豐寧上長官司	貴州省獨山縣上司鎮上司村
〔45〕豐寧下長官司	貴州省獨山縣下司鎮下司村
〔46〕爛土長官司	貴州省三都縣合江鎮爛土村
4）鎮遠府	
今領州一，縣三，土司三	《皇朝續文獻通攷》舊領廳二，縣三，長官司二，嘉慶三年以平越府之黃平州及巖門土司來隸，凡領廳二，州一，縣三，長官司三 清江廳：貴州省劍河縣 臺拱廳：貴州省臺江縣
〔47〕鎮遠縣	附郭，貴州省鎮遠縣
〔48〕施秉縣	貴州省施秉縣
〔49〕天柱縣	貴州省天柱縣
〔50〕黃平州	貴州省黃平縣 黃平縣舊州鎮之舊州古城為明時期之州城，清康熙二十六年移治今黃平縣
〔51〕邛水長官司	貴州省三穗縣長吉鄉司前村
〔52〕偏橋長官司	貴州省施秉縣城關鎮安家岩
〔53〕巖門長官司	貴州省黃平縣谷隴鎮岩門司村
5）思南府	
領縣三，土司二	《皇朝續文獻通攷》凡領縣三，長官司三 蠻夷正副長官司：貴州思南縣城西，乾隆年間廢，具體位置待攷
〔54〕安化縣	附郭，貴州省思南縣
〔55〕婺川縣	貴州省務川縣
〔56〕印江縣	貴州省印江縣
〔57〕朗溪長官司	貴州省印江縣朗溪鎮朗溪村。《皇朝續文獻通攷》作朗溪正副長官司

貴 州 統 部	今 地 攷
〔58〕沿河祐溪長官司	貴州省沿河縣。《皇朝續文獻通攷》作沿河祐溪正副長官司
6）石阡府	貴州省石阡縣
領縣一	
〔59〕龍泉縣	貴州省鳳岡縣
7）思州府	貴州省岑鞏縣
領縣二，土司三	《皇朝續文獻通攷》凡領縣二，長官司四 都坪正副長官司：貴州省岑鞏縣。副長官後裁《欽定大清會典》（嘉慶）
〔60〕玉屏縣	貴州省玉屏縣
〔61〕青谿縣	貴州省鎮遠縣青溪鎮
〔62〕都素長官司	貴州省岑鞏縣龍田鎮附近，附近有一村嚴家院。《欽定大清會典》（嘉慶）副長官後裁
〔63〕施溪長官司	貴州省銅仁市漾頭鎮
〔64〕黃道溪長官司	貴州省銅仁市萬山特區黃道鄉黃道司村。《欽定大清會典》（嘉慶）副長官司後裁
8）銅仁府	
領縣一，土司二	
〔65〕銅仁縣	附郭，貴州省銅仁市
〔66〕省溪長官司	貴州省江口縣雙江鎮省溪司村，有土司官寨遺址。《皇朝續文獻通攷》作省溪正副長官司
〔67〕提溪長官司	貴州省江口縣閔孝鎮提溪司村。《皇朝續文獻通攷》作提溪正副長官司
9）黎平府	
今領縣三，土司十	《皇朝續文獻通攷》舊領廳一，縣三，長官司十，乾隆三十五年增下江廳，道光十二年降錦屏縣爲鄉以屬開泰，凡領廳二，縣二，長官司十 古州廳：貴州省榕江縣 下江廳：貴州省從江縣下江鎮
〔68〕開泰縣	附郭，貴州省黎平縣
〔69〕錦屏縣	貴州省錦屏縣銅鼓鎮
〔70〕永從縣	貴州省黎平縣永從鄉
〔71〕洪州泊里長官司	貴州省黎平縣洪州鎮洪州村
〔72〕潭溪長官司	貴州省黎平縣高屯鎮潭溪村
〔73〕新化長官司	貴州省錦屏縣新化鄉新化司村
〔74〕古州長官司	貴州省黎平縣羅里鄉羅里村

貴 州 統 部	今 地 攷
〔75〕龍里長官司	貴州省錦屏縣縣隆里鄉隆里村
〔76〕中林長官司	貴州省錦屏縣鍾靈鄉鍾靈村
〔77〕八舟長官司	貴州省黎平縣高屯鎮八舟村
〔78〕歐陽長官司	貴州省錦屏縣新化鄉歐陽村
〔79〕亮砦長官司	貴州省錦屏縣敦寨鎮亮司
〔80〕湖耳長官司	貴州省錦屏縣銅鼓鎮湖耳司村
10）大定府	貴州省大方縣
今領州三，縣一	《皇朝續文獻通攷》凡領廳一，州三，縣一 水城廳：貴州省六盤水市
〔81〕平遠州	貴州省織金縣
〔82〕黔西州	貴州省黔西縣
〔83〕威寧州	貴州省威寧縣
〔84〕畢節縣	貴州省畢節市
11）興義府	貴州省安龍縣
今領州一，縣三	《皇朝續文獻通攷》原名南籠府，領州二，縣二，嘉慶二年改今名，三年增興義縣，十四年升普安州為直隸州，十六年改直隸廳，光緒三十四年降改普安直隸廳為盤州廳，仍屬府，凡領廳一，州一，縣三 盤州廳：在府西北三百五里，原為普安州屬府，嘉慶十四年升直隸州，十六年改直隸廳，光緒三十四年改今名，降廳仍隸府，北緯二十五度四十五分，西經十一度五十分，貴州省盤縣
〔85〕貞豐州	貴州省貞豐縣
〔86〕普安縣	貴州省普安縣
〔87〕安南縣	貴州省晴隆縣
〔88〕興義縣	貴州省興義市
12）遵義府	
今領州一，縣四	《皇朝續文獻通攷》舊領州一，縣四，光緒三十四年降改仁懷直隸廳為赤水廳，隸府，凡領廳一，州一，縣四 赤水廳：在府西北二百四十里，雍正中於留元壩置仁懷廳，乾隆四十一年升直隸，光緒三十四年改名，降廳隸府。即今貴州省赤水市
〔89〕遵義縣	附郭，貴州省遵義市
〔90〕桐梓縣	貴州省桐梓縣
〔91〕綏陽縣	貴州省綏陽縣

貴 州 統 部	今 地 攷
〔92〕正安州	貴州省正安縣
〔93〕仁懷縣	貴州省仁懷市
13）平越直隸州	貴州省福泉市
今領縣三，土司一	《皇朝續文獻通攷》原爲府，領州一，縣四，嘉慶三年降爲直隸州，並省平越縣，以黃平州及嚴門土司改隸鎮遠府，凡領縣三，長官司一
〔94〕甕安縣	貴州省甕安縣
〔95〕湄潭縣	貴州省湄潭縣
〔96〕餘慶縣	貴州省餘慶縣
〔97〕楊義長官司	貴州省福泉市金山街道楊義司村
14）松桃廳	貴州省松桃縣
領土司二	
〔98〕烏羅長官司	貴州省松桃縣烏羅鎮。《皇朝續文獻通攷》作正副長官司
〔99〕平頭著可長官司	貴州省松桃縣平頭鄉平頭司村。《皇朝續文獻通攷》作正副長官司
15）普安廳	貴州省盤縣
16）仁懷廳	貴州省赤水市

二十二、新疆統部

《大清一統志》（嘉慶）卷五百十六至卷五百三十一。

清代新疆於設省之先，雖有迪化州之設，隸甘肅，然就新疆而言，以伊犁將軍總統之，亦如東北地區爲武職駐守之地，故以駐防之地作政區。

序號	地　名	職　　官	駐　地
1	伊犁	總統伊犁等處將軍一員	新疆伊寧市惠遠城
		撫民同知一員 理事同知一員 巡檢四員：惠遠城，惠寧城，綏定城，拱宸城各一員	
		管理惠遠城倉庫糧員一員 管理惠寧城固勒札綏定城塔勒奇城各倉糧員一員	
		領隊大臣五員 署理營務筆帖式十二員	
		分理惠遠城滿洲蒙古兵協領八員 佐領四十員 防禦四十員 驍騎校四十員	
		分理惠寧城滿洲蒙古兵協領四員 佐領十六員 防禦十六員 驍騎校十六員	
		分理錫伯營兵總管一員 副總管一員 佐領八員 驍騎校八員	
		分理索倫達虎爾營兵總管一員 副總管一員 佐領八員 驍騎校八員	
		分理察哈爾營兵總管二員 副總管二員 佐領十六員 驍騎校十六員	

序號	地名	職官	駐地
		分理厄魯特營兵總管二員 副總管三員 佐領二十員 驍騎校二十員	
		沙畢納爾營副總管職銜佐領一員 佐領三員 驍騎校四員	
		管理屯務綠營中營總兵一員 游擊一員 守備一員 千總二員 把總四員 經制外委六員 額外外委六員	
		鎮標左營游擊一員 守備一員 千總二員 把總四員 經制外委六員 額外外委六員	
		鎮標右營都司一員 守備一員 千總二員 把總四員 經制外委六員 額外外委六員	
		鎮屬霍爾果斯營參將一員 守備一員 千總二員 把總四員 經制外委六員 額外外委六員	
		鎮屬巴彥岱營都司一員 千總一員 把總二員 經制外委三員 額外外委三員	

序號	地 名	職 官	駐 地
		鎮屬塔勒奇營守備一員 千總一員 把總一員 經制外委三員 額外外委三員	
		惠遠城北關汛守備一員 把總二員 經制外委二員 額外外委二員	
		總理回務一等台吉三品阿奇木伯克一員 四品伊沙噶伯克一員 五品噶匝納齊伯克二員 五品商伯克二員 六品哈子伯克一員 六品都官伯克一員 六品密喇布伯克七員 六品巴濟吉爾伯克一員 七品巴濟吉爾伯克一員 七品什和勒伯克一員 七品帕察沙布伯克一員 七品明伯克一員 七品玉資伯克十員 管理挖鐵七品玉資伯克一員	
		管理臺站卡倫文武各員	
2	庫爾喀喇烏蘇 晶河附	辦事大臣一員 筆帖式一員 委筆帖式二員	新疆烏蘇市
		管理糧餉官一員	
		管理駐防綠營游擊一員 守備寺院 千總二員 把總二員 經制外委二員 額外外委二員	
		晶河管理糧餉官一員	
		晶河管理綠營都司一員 千總一員 把總二員 經制外委三員 額外外委三員	

序號	地 名	職　官	駐 地
3	塔爾巴哈臺	㕘贊大臣一員	新疆塔城市
		協辦領隊大臣一員 章京三員 筆帖式二員 委筆帖式十員 卡倫侍衛十二員	
		管糧理事撫民通知一員	
		滿營協領一員 佐領四員 防禦三員 驍騎校七員	
		錫伯營佐領一員 驍騎校一員	
		索倫營驍騎校一員	
		察哈爾營佐領一員	
		厄魯特營佐領一員 驍騎校一員	
		綠營總理屯務官一員 協理屯務兼管城守營官一員 分理屯務官二員 千總九員 經制外委八員	
4	烏嚕木齊	都統一員 章京三員 筆帖式三員 委筆帖式六員	新疆烏魯木齊市
		領隊大臣一員	
		協領六員 佐領二十四員 防禦二十四員 驍騎校二十四員	
		喀喇巴爾噶遜色管理糧餉官一員	
		迪化直隸州理事通判一員	
		綠營提督一員	
		中營參將一員 守備一員 千總二員 把總四員 經制外委五員 額外外委八員	

序號	地　名	職　　官	駐　地
		左營游擊一員 守備一員 千總二員 把總四員 經制外委六員 額外外委七員	
		右營都司　員 守備一員 千總二員 把總四員 經制外委六員 額外外委七員	
		迪化城守營都司一員 守備一員 千總二員 把總四員 經制外委六員 額外外委八員	
		鞏寧城守都司一員 千總一員 把總一員 經制外委二員 額外外委四員	
		濟木薩營參將一員 守備一員 千總二員 把總四員 經制外委八員 額外外委八員	
		瑪納斯營副將一員 都司二員 守備二員 千總四員 把總七員 經制外委十員 額外外委十二員	
		喀喇巴爾噶遜營守備一員 把總二員 經制外委二員 額外外委二員	

序號	地名	職官	駐地
		迪化州頭屯所千總一員 昌吉縣蘆草溝所千總一員 昌吉縣蘆草溝所千總一員 綏來縣塔西河所千總一員	
5	古城	領隊大臣一員 筆帖式一員 委筆帖式二員	新疆奇臺縣
		協領二員 佐領八員 防禦八員 驍騎校八員	
		綠營游擊一員 千總一員 把總二員 外委四員 額外外委四員	
6	巴里坤	領隊大臣一員 筆帖式一員 委筆帖式二員	新疆巴里坤縣
		協領二員 佐領八員 防禦八員 驍騎校八員	
		綠營總兵一員 游擊三員 都司一員 守備四員 轄總六員 把總十六員 外委二十二員 額外外委二十二員	
7	吐魯番	領隊大臣一員 筆帖式一員 委筆帖式二員	新疆圖吐魯番市
		同知一員 巡檢二員	
		管理滿營協領二員 佐領四員 防禦四員 驍騎校四員	

序號	地 名	職　官	駐 地
		管理綠營都司二員 守備二員 千總八員 把總七員 經制外委十五員	
8	哈密	辦事大臣一員	新疆哈密市
		協辦大臣一員 章京一員 筆帖式一員 委筆帖式六員	
		理事糧廳一員 巡檢一員	
		管理綠營副將一員 都司二員 千總二員 把總六員 經制外委六員 額外外委七員	
		總理回衆郡王一員 協辦旗務伯克二員 管旗章京一員 梅楞章京二員 參領二員 佐領十三員 驍騎校十三員	
9	喀喇沙爾	辦事大臣一員 章京三員 筆帖式三員 委筆帖式十一員	新疆焉耆縣
		管理綠營游擊一員 守備一員 千總一員 把總四員 經制外委八員	
		管理庫隴勒回民三品阿奇木伯克一員 四品伊沙噶伯克一員	

序號	地 名	職　官	駐 地
		五品商伯克一員 六品哈子伯克一員 七品密喇布伯克一員 七品挖銅伯克一員 七品玉資伯克一員 金頂回子五名	
		管理玉古爾回民三品阿奇木伯克一員 四品伊沙噶伯克一員 五品商伯克一員 六品哈子伯克一員 七品訥克布伯克一員 七品密喇布伯克一員 七品明伯克一員 七品挖銅伯克一員 七品玉資伯克一員 金頂回子七名	
10	庫車	辦事大臣一員 章京二員 筆帖式二員 委筆帖式八員	新疆庫車縣
		管理綠營都司一員 守備一員 千總一員 把總二員 經制外委三員	
		管理回民三品阿奇木伯克一員 四品伊沙噶伯克一員 五品噶匝爾齊伯克一員 五品商伯克一員 六品哈子伯克一員 七品訥克布伯克一員 七品阿爾巴布伯克一員 七品密喇布伯克二員 七品明伯克三員 七品都官伯克三員 七品管銅伯克一員 七品帕察沙布伯克一員 七品茂特色布伯克一員	

序號	地　名	職　　官	駐　地
		分理沙雅爾城三品阿奇木伯克一員 四品伊沙噶伯克一員 五品噶匝納齊伯克一員 五品商伯克一員 六品哈子伯克一員 七品密喇布伯克一員 七品明伯克二員 七品都官伯克二員 七品管銅伯克一員	
11	阿克蘇	辦事大臣一員 章京二員 筆帖式二員 委筆帖式五員	新疆溫宿縣
		管理滿營佐領一員 防禦一員 驍騎校一員	
		管理綠營游擊三員 千總二員 把總五員 經制外委六員	
		管理回民三品阿奇木伯克一員 四品伊沙噶伯克一員 五品噶匝納齊伯克一員 五品商伯克一員 六品哈子伯克一員 六品巴濟吉爾伯克一員 六品多蘭伯克一員 六品管臺伯克一員 六品管理木蘇爾達巴罕伯克一員 七品訥克布伯克一員 七品阿爾巴布伯克一員 七品密喇布伯克六員 七品明伯克十六員 七品都官伯克三員 七品採銅伯克三員 七品帕察沙布伯克一員 七品茂特色布伯克一員 七品什和勒伯克一員 七品克圖瓦爾伯克一員 金頂回子三十一名	

序號	地 名	職 官	駐 地
		分理賽喇木城三品阿奇木伯克一員 四品伊沙噶伯克一員 五品噶匝納齊伯克一員 六品哈子伯克一員 七品密喇布伯克一員 七品明伯克一員 金頂回子五名	
		分理拜城四品阿奇木伯克一員 五品伊沙噶伯克一員 六品噶匝納齊伯克一員 七品密喇布伯克一員 七品哈子伯克一員 七品明伯克一員 金頂回子五名	
		分理柯爾坪六品阿奇木伯克一員 七品哈子伯克一員	
12	烏什	辦事大臣一員 章京二員 筆帖式二員 委筆帖式四員	新疆烏什縣
		管理卡倫侍衛六員	
		管理滿營佐領一員 防禦一員 驍騎校一員	
		管理綠營參將一員 都司一員 守備二員 千總三員 把總四員 經制外委八員 額外外委二員	
		管理回民五品阿奇木伯克一員 六品哈子伯克一員 七品巴濟吉爾伯克二員 七品密喇布伯克三員 七品明伯克三員 金頂回子四名	

序號	地 名	職 官	駐 地
13	喀什噶爾	參贊大臣一員	新疆喀什市
		協辦大臣一員 章京四員 筆帖式四員 委筆帖式九員	
		卡倫侍衛十八員	
		管理滿營協領一員 佐領一員 防禦一員 驍騎校三員 佐領一員 前鋒校二員 委筆帖式一員 防禦一員 前鋒校一員	
		管理錫伯營佐領一員 驍騎校一員	
		管理索倫營佐領一員 驍騎校一員	
		管理綠營副將一員 游擊一員 千總三員 把總三員 經制外委六員 千總三員 把總三員 經制外委六員 聽差都司守備二員	
		管理回民三品阿奇木伯克一員 四品伊沙噶伯克一員 四品噶匝納齊伯克一員 四品商伯克一員 五品哈子伯克一員 五品訥克布伯克一員 五品茂特色布伯克一員 五品克圖瓦爾伯克一員 六品巴濟吉爾伯克一員 六品阿爾布伯克一員 六品明伯克一員	

序號	地 名	職　官	駐 地
		六品都官伯克一員 六品帕察沙布伯克一員 六品什和勒伯克一員 六品巴克瑪塔爾伯克一員 七品明伯克二員 金頂溫巴什五十名 通事二十名 阿哈拉克齊九名	
		分理牌租阿巴特四品阿奇木伯克一員 七品明伯克一員	
		分理塔什巴里克五品阿奇木伯克一員 七品明伯克一員	
		分理阿斯騰阿喇圖什五品阿奇木伯克一員 六品哈子伯克一員 七品明伯克一員	
		分理玉斯屯阿喇圖什六品阿奇木伯克一員 六品哈子伯克一員 七品明伯克一員	
		分理伯什克勒木五品阿奇木伯克一員 六品哈子伯克一員 六品密喇布伯克一員 六品明伯克一員	
		分理提斯衮五密喇布伯克一員 七品明伯克一員	
		分理阿爾瑚六品阿奇木伯克一員 六品哈子伯克一員	
		分理烏帕爾六品阿奇木伯克一員 七品明伯克一員	
		分理汗阿里克六品密喇布伯克一員 六品哈子伯克一員 七品明伯克一員	
		分理霍爾干六品密喇布伯克一員 六品明伯克一員	
		分理赫色勒布依六品密喇布伯克一員 七品明伯克二員	
		分理塞爾們六品密喇布伯克一員 七品明伯克一員	
		分理託古薩克六品密喇布伯克一員 七品明伯克一員	

序號	地　名	職　　官	駐　　地
		分理木什素魯克七品密喇布伯克一員 七品明伯克一員	
		分理岳普爾和七品明伯克一員	
		分理阿爾瓦特六品密喇布伯克一員 七品明伯克一員	
14	英吉沙爾	英吉沙爾領隊大臣一員 筆帖式一員 委筆帖式二員	新疆英吉沙爾縣
		管理滿營防禦一員	
		管理綠營游擊一員 千總一員 把總一員 經制外委二員	
		管理回民四品阿奇木伯克一員 六品哈子伯克一員 六品密喇布伯克一員 七品管臺伯克一員 七品明伯克四員	
		分理賽里克七品密喇布伯克一員	
15	葉爾羌	辦事大臣一員	新疆莎車縣
		協辦大臣一員 章京三員 筆帖式三員 委筆帖式十五員	
		卡倫侍衛十二員	
		管理滿營佐領二員 驍騎校二員	
		管理綠營副將一員 游擊一員 都司二員 千總三員 把總六員 經制外委九員	
		管理回民三品阿奇木伯克一員 四品伊沙噶伯克一員 四品噶匝納齊伯克一員 四品商伯克一員	

序號	地 名	職　官	駐 地
		五品訥克布伯克一員	
		五品密喇布伯克一員五品帕察沙布伯克一員	
		五品克圖瓦爾伯克一員	
		五品柯勒克雅喇克伯克一員	
		五品斯帕哈資伯克一員五品拉雅哈資伯克一員	
		五品喀喇都管伯克一員	
		六品阿爾巴布伯克一員	
		六品明伯克一員	
		六品都官伯克一員	
		六品帕察沙布伯克一員	
		六品茂特色布伯克一員	
		六品什和勒伯克一員	
		六品巴克瑪塔爾伯克一員	
		六品色依得爾伯克一員	
		六品哲博伯克一員	
		六品喀爾管伯克一員	
		分理托果斯鉛五品阿奇木伯克一員	
		六品哈子伯克一員	
		分理齊盤五品阿奇木伯克一員	
		六品密喇布伯克一員	
		六品明伯克一員	
		分理哈爾哈里克五品阿奇木伯克一員	
		六品哈子伯克一員	
		六品密喇布伯克一員	
		六品明伯克一員	
		分理和什喇普五品阿奇木伯克一員	
		分理牌子斯鉛五品密喇布伯克一員	
		分理桑珠五品阿奇木伯克一員	
		分理玉喇阿里克六品阿奇木伯克一員	
		分理色勒庫爾五品阿奇木伯克一員	
		六品伊沙噶伯克一員	
		六品商伯克一員	
		六品哈子伯克一員	
		七品阿爾巴布伯克一員	
		七品什和勒伯克一員	
		七品巴匝爾伯克一員	
		七品塔噶喇木伯克一員	
		分理巴爾楚克六品阿奇木伯克一員	
		七品明伯克一員	
		分理塔爾塔克六品伯克一員	

序號	地　名	職　　官	駐　地
		分理坡斯坎木六品哈子伯克一員	
		分理喇普齊六品密喇布伯克一員	
		分理鄂通楚魯克六品密喇布伯克一員	
		分理鄂普通爾六品明伯克一員 六品鄂爾沁伯克一員	
		分理察特西林七品明伯克一員	
16	和闐	辦事大臣一員	新疆和田市
		協辦大臣一員 章京一員 筆帖式一員 委筆帖式五員	
		管理綠營都司一員 千總一員 把總一員 經制外委二員	
		管理回民三品阿奇木伯克一員 四品伊沙噶伯克一員 五品噶匝納齊伯克一員 五品商伯克一員 六品哈子伯克一員 七品訥克布伯克一員 七品明伯克一員 七品都官伯克一員 七品哈喇都管伯克一員 七品帕察沙布伯克一員 七品什和勒伯克一員 七品克圖瓦爾伯克一員 金頂回子三十名	
		分理哈拉哈什城四品阿奇木伯克一員 五品商伯克一員 六品哈子伯克一員 七品都官伯克一員 七品帕察沙布伯克一員	
		分理玉隴哈什村四品阿奇木伯克一員 六品哈子伯克一員	
		分理齊爾拉村四品阿奇木伯克一員 六品哈子伯克一員 七品密喇布伯克一員 七品明伯克一員	

序號	地名	職官	駐地
		分理克勒底雅城四品阿奇木伯克一員 五品採鉛伯克一員 六品哈子伯克一員	
		分理塔克村四品阿奇木伯克一員 六品哈子伯克谷一員	
		分理圖薩拉莊七品密喇布伯克一員 七品明伯克一員	
		分理伯爾藏莊七品密喇布伯克一員 七品明伯克一員	
		分理素巴爾莊七品明伯克一員	
		分理巴拉木斯雅莊七品密喇布伯克一員 七品明伯克一員	
		分理瑪庫雅莊七品密喇布伯克一員 七品明伯克一員	
		分理卓窪勒莊七品密喇布伯克一員 七品明伯克一員	
		分理庫雅莊七品明伯克一員	
		分理三普拉莊七品密喇布伯克一員 七品明伯克一員	
		分理洛普莊七品密喇布伯克一員 七品明伯克一員	
		分理哈爾魯克莊七品密喇布伯克一員 七品明伯克一員	

外藩部落

序號	部落	今地攷
1	左哈薩克	
2	右哈薩克	
3	東布魯特	
4	西布魯特	
5	霍罕	
6	安集延	
7	瑪爾噶朗	
8	那木干	
9	塔什罕	
10	拔達克山	

11	博洛爾	
12	布哈爾	
13	愛烏罕	
14	痕都斯坦	
15	巴勒提	

二十三、內札薩克蒙古統部

卷五百三十四至卷五百四十三，卷五百四十八。

《大清一統志》（嘉慶）於蒙古旗分列目較亂，此處將習稱之內札薩克蒙古二十四部合之歸化城土默特蒙古列為一表，共二十五部，五十一旗，若合之錫哷圖庫倫喇嘛游牧旗（見《欽定大清會典》（嘉慶）），則共五十二旗。

序號	部　名	旗　名	駐地	四　　　至
一	土默特部			二旗，在喜峯口東北五百九十里，東西距四百六十里，南北距三百二十里，東至養息牧牧廠界，西至喀喇沁右翼界，南至盛京邊牆界，北至喀爾喀左翼及敖漢界，至京師一千里。
1		土默特左翼旗	駐旱龍潭山	駐旱龍潭山，在喜峯口東北八百二十里，東西距一百六十里，南北距一百三十里，東至養息牧牧廠界八十里，西至右翼界八十里，南至盛京白土廠邊門三十里，北至喀爾喀左翼界一百里，東南至額倫布坦插漢臺九十里，西南至盛京清河邊門一百一十里，東北至黑頂山八十里，西北至阿里馬圖山九十里。
2		土默特右翼旗〔註8〕	駐大華山	駐大華山，在喜峯口東北五百九十里，東西距二百九十里，南北距一百八十里，東至左翼界九十里，西至喀喇沁右翼界二百里，南至盛京邊墻六十里，北至敖漢界一百二十里，東南至喀喇七靈圖山八十里，西南至鄂博圖插漢和邵山二百七十里，東北至博羅惠波洛温都爾山一百二十里，西北至湖西哈圖山一百八十里。
二	敖漢部			
3		敖漢旗	駐古爾板圖爾噶山	一旗，駐古爾板圖爾噶山，在喜峰口東北六百里，東西距一百六十里，南北距二百八十里，東至奈曼界六十里，西至喀喇沁界一百里，南至土默特界二百里北至翁牛特界八十里，東南至土默特界一百二十里，西南至喀喇沁界二百里，東北至奈曼界九十里，西北至喀喇沁界一百十五里，至京師一千一十里。
三	奈曼部			
4		奈曼旗	駐章武臺	一旗，駐章武臺，在喜峰口東北七百里，東西距九十五里，南北距二百二十里，東至喀爾喀左翼界四十里，西至敖漢界五十五里，南至土默特界

〔註8〕左右疑誤。

序號	部 名	旗 名	駐 地	四　至
				一百二十里，北至翁牛特界一百里，東南至喀爾喀左翼界一百二十里，西南至土默特界一百二十里，東北至喀爾喀左翼界一百里，西北至敖漢界一百二十里，至京師一千一百十里。
四	巴林部			二旗，同界，右翼駐托鉢山，在古北口東北七百二十里，左翼駐阿大圖拖羅海，又東北六十里，東西距二百三十一里，南北距二百三十三里，東至阿禄科爾沁界一百六十里，西至克什克騰界九十一里，南至翁牛特界六十里，北至烏珠穆沁界一百七十三里，東南至阿禄科爾沁界一百八十五里，西南至克什克騰界八十一里，東北至烏珠穆沁界二百五里，西北至烏珠穆沁界一百四十二里，至京師九百六十里。
5		巴林右翼旗	駐托鉢山	
6		巴林左翼旗	駐阿大圖拖羅海	
五	札嚕特部			二旗，在喜峰口東北一千一百里，東西距一百二十五里，南北距四百六十里，東至科爾沁界，南至科爾沁及喀爾喀界，西至阿禄科爾沁界，北至烏珠穆沁界，至京師一千五百一十里。
7		札嚕特左翼旗	駐齊齊靈花拖羅海山北	駐齊齊靈花拖羅海山北，在喜峰口東北一千一百里，東西距五十五里，南北距四百六十里，東至科爾沁界三十里，西至右翼界二十五里，南至科爾沁界一百三十里，北至烏珠穆沁界三百三十里，東南至潢河一百三十里，西南至車爾百湖岡一百十里，東北至巴噶查克朵爾山三百四十里，西北至布拉克圖和邵山三百四十里。
8		札嚕特右翼旗	駐兔爾山南	駐兔爾山南，在喜峰口東北一千二百里，東西距七十里，南北距四百六十里，東自脫脫山與左翼分界，西至阿禄科爾沁界七十里，南至喀爾喀左翼界二百二十五里，北至烏珠穆沁左翼界二百三十五里，西至拜圖岡二百二十里，西北至馬盂山二百四十里。
六	阿嚕科爾沁部			
9		阿嚕科爾沁旗	駐渾圖山東	一旗，駐渾圖山東，在古北口東北一千一百里，東西距一百三十里，南北距四百二十里，東至札嚕特界三十里，西至巴林界一百里，南至喀爾喀左翼界二百里，北至烏珠穆沁界二百二十里，東南至札嚕特界二百二十里，西南至翁牛特界二百里，東北至札嚕特界二百六十五里，西北至巴林界二百七十里，至京師一千三百四十里。

序號	部 名	旗 名	駐地	四　　　　至
七	科爾沁部			六旗，在喜峯口東北八百七十里，東西距八百七十里，南北距二千一百里，東至札賚特界，西至札嚕特界，南至盛京邊牆界，北至索倫界，至京師一千二百八十里。
10		科爾沁右翼旗	駐巴煙和郡	駐巴煙和郡，在喜峯口東北一千二百里，東西距一百五十里，南北距四百五十里，東至右翼前旗界八十里，西至左翼界七十里，南至左翼界二百里，北至索倫界二百五十里，東南至郭爾羅斯界二百二十里，西南至左翼界二百一十里，東北至右翼前旗界二百六十里，西北至左翼界三百里。
11		科爾沁右翼前旗	駐席喇布爾喀蘇	駐席喇布爾喀蘇，在喜峯口東北一千三百五十里，東西距一百二十里，南北距三百八十里，東至右翼後旗界六十五里，西至右翼界五十五里，南至郭爾羅斯界一百八十里，北至右翼後旗界二百里，東南至部爾羅斯界一百八十里，西南至郭爾羅斯界二百里，東北至左翼後旗界二百里，西北至右翼界二百三十里。
12		科爾沁右翼後旗	駐恩馬圖坡	駐恩馬圖坡，在喜峯口東北一千四百五十里，東南距一百二十里，南北距三百七十里，東至札賚特九十里，西至右翼前旗界三十里，南至郭爾羅斯界一百三十里，北至索倫界二百四十里，東南至郭爾羅斯界一百六十里，西南至郭爾羅斯界一百四十里，東北至札賚特界三百里，西北至右翼前旗界二百九十里。
13		科爾沁左翼旗	駐伊克唐噶里克坡	駐伊克唐噶里克坡，在喜峯口東北一千六十五里，東西距一百八十里，南北距五百五十里，東至右翼界一百三十里，西至札嚕特左翼界五十里，南至左翼後旗界二百里，北至右翼界三百五十里，東南至盛京邊界五百五十里，西南至左翼前旗界三百里，東北至右翼界三百里，西北至札嚕特界四百里。
14		科爾沁左翼前旗	駐伊克岳里泊	駐伊克岳里泊，在喜峯口東北八百七十里，東西距一百里，南北距一百二十里，東至左翼後旗界七十里，西至喀爾喀左翼界三十里，南至養息牧牧廠界八十里，北至左翼界四十里，東南至盛京邊界一百二十里，西南至養息牧牧廠界三十五里，東北至左翼界六十里，西北至左翼界三十里。
15		科爾沁左翼後旗	駐雙和爾山	駐雙和爾山，在喜峯口東北一千四十里，東西距二百里，南北距一百五十里，東至左翼界一百三十里，西至左翼前旗界七十里，南至盛京邊界一百里，北至左翼界五十里，東南至邊界一百八十里，西南至盛京邊界一百三十里，東北至左翼界一百二十里，西北至左翼前旗界九十里。

序號	部 名	旗 名	駐 地	四　　　至
八	札賚特部			
16		札賚特旗	駐土百新播漢坡	一旗，屬科爾沁右翼，駐土百新播漢坡，在喜峯口東北一千六百里，東西距六十里，南北距四百里，東至杜爾伯特界三十五里，西至郭爾羅斯界二十五里，南至郭爾羅斯界一百五十里，北至索倫界二百五十里，東南至郭爾羅斯界一百里，西至南郭爾羅斯界一百六十里，東北至杜爾伯特界二百八十里，西北至右翼後旗界二百七十里，至京師二千一十里。
九	杜爾伯特部			
17		杜爾伯特旗	駐多克多爾坡	一旗，屬科爾沁右翼，駐多克多爾坡，在喜峯口東北一千六百四十里，東西距一百七十里，南北距二百四十里，東至黑龍江將軍界一百四十里，西至札賚特三十里，南至郭爾羅斯界一百四十里，北至索倫界一百里東，南至郭爾羅斯界一百六十里，西南至郭爾羅斯界一百四十里，東北至黑龍江將軍界一百六十里，西北至札賚特界一百一十里，至京師二千五十里。
十	郭爾羅斯部			二旗，屬科爾沁左翼，在喜峯口東北一千四百八十七里，東西距四百五十里，南北距六百六十里，東至盛京永吉州界，西至科爾沁界，南至盛京邊牆界，北至科爾沁界，至京師一千八百九十七里。
18		郭爾羅斯前旗	駐古爾板插漢	駐古爾板插漢，在喜峯口東北一千四百八十七里，東西距二百三十里，南北距四百里，東至盛京奉天府永吉州界一百七十里，西至科爾沁界六十里，南至盛京邊牆二百八十里，北至科爾沁界一百二十里，東南至邊牆三百里，西南至邊牆二百四十里，東北至科爾沁界二百七十里，西北至科爾沁界一百四十里。
19		郭爾羅斯後旗	駐榛子嶺	駐榛子嶺，在喜峯口東北一千五百七十里，東西距二百二十里，南北距二百六十里，東至杜爾伯特界八十里，西至前旗界一百四十里，南至盛京白都納界一百四十里，北至杜爾伯特界一百二十里，東南至白都訥界一百七十里，西南至前旗界一百五十里，東北至杜爾伯特界八十里，西北至杜爾伯特界一百二十里。
十一	喀喇沁部			本二旗，新添一旗，在喜峯口東北三百五十里，東西距五百里，南北距四百五十里，東至土默特及敖漢界，西至正藍旗王屯界，南至邊牆界，北至翁牛特界，至京師七百六十里。

序號	部 名	旗 名	駐 地	四　　至
20		喀喇沁右翼旗	駐西白河北	駐西白河北，在喜峯口北三百九十里，東西距三百里，南北距二百八十里，東至敖漢界二百里，西至正藍旗王屯界一百里，南至皇莊屯界二百四十里，北至翁牛特界四十里，東南至左翼界二百五十里，西南至皇莊屯界二百二十里，東北至敖漢界一百四十里，西北至翁牛特界九十里。
21		喀喇沁左翼旗	駐牛心山	駐牛心山，在喜峯口東北三百五十里，東西距二百三里，南北距一百七十里，東至土默特界六十里，西至正藍旗王屯界一百四十三里，南至邊牆七十里，北至右翼界一百里，東南至邊牆三十里，西南至正藍旗王屯界一百里，東北至右翼界六十三里，西北至右翼界一百四十里。
22		喀喇沁增設旗		在左翼右翼二旗界內。
十二	翁牛特部			二旗，在古北口東北五百二十里，東西距三百里，南北距一百六十里，東至阿祿科爾沁界，南至喀喇沁及敖漢界，西至熱河禁地界，北至巴林及克什克騰界，至京師七百六十里。
23		翁牛特右翼旗	駐英席爾哈七特呼郎	駐英席爾哈七特呼郎，在古北口東北五百二十里，東西距二百四十里，南北距一百六十里，東至左翼界一百二十里，西至熱河禁地界一百二十里，南至喀喇沁右翼界八十里，北至克什克騰界八十里，東南至敖漢界九十五里，西南至喀喇沁右翼界六十里，東北至左翼界六十里，西北至克什克騰界一百四十里。
24		翁牛特左翼旗	駐札喇峰西	駐札喇峰西，在古北口東北六百八十里，東西距三百里，南北距九十里，東至阿祿科爾沁界一百五十里，西至克什克騰界一百五十里，南至敖漢界五十里，北至巴林界四十里，東南至奈曼界八十里，西南至敖漢界一百三十里，東北至巴林界四十五里，西北至巴林界一百五十里。
十三	克什克騰部			
25		克什克騰旗	駐吉拉巴斯峰	一旗，駐吉拉巴斯峰，在古北口東北五百七十里，東西距三百三十四里，南北距三百五十七里，東至翁牛特界一百六十三里，西至土藍旗察哈爾界一百七十一里，南至翁牛特界三十七里，北至烏珠穆沁界三百二十里，東南至翁牛特界五十一里，西南至正藍旗察哈爾界四十三里，東北至巴林界一百五十四里，西北至浩齊特界二百十里，至京師八百十里。
十四	喀爾喀左翼部			

序號	部　名	旗　名	駐　地	四　　　至
26		喀爾喀左翼旗	駐插漢河朔墩	一旗，駐插漢河朔墩，在喜峰口東北八百四十里，東西距一百二十五里，南北距二百三十里，東至科爾沁界七十五里，西至柰曼界五十里，南至土默特界一百里，北至札魯特界一百三十里，東南至土默特界一百四十里，西南至柰曼界一百三十里，東北至札魯特界一百十五里，至京師一千二百十里。
十五	烏珠穆沁部			二旗，在占北口東北九百二十三里，東西距三百六十里，南北距四百二十五里，東至索倫界，西至浩齊特界，南至巴林界，北至瀚海，至京師一千一百六十三里。
27		烏珠穆沁右翼旗	駐巴克蘇爾哈台山	駐巴克蘇爾哈台山，在古北口東北九百二十三里，東西距三百六十里，南北距二百十里，東至左翼界一百五十里，西至浩齊特界二百十里，南至巴林界二十里，北至左翼界一百九十里，東南至巴林界四十二里，西南至浩齊特界四十五里，東北至左翼界一百五十里，西北至浩齊特界二百九十里。
28		烏珠穆沁左翼旗	駐魁蘇拖羅海	駐魁蘇拖羅海，在古北口東北一千一百六十里，東西距二百五十六里，南北距二百十五里，東至索倫界六十一里，西至右翼界一百九十五里，南至右翼界六十三里，北至瀚海一百五十二里，東南至巴林界一百五十里，西南至右翼界七十三里，東北至索倫界七十里，西北至右翼界一百六十三里。
十六	浩齊特部			二旗，在獨石口東北六百八十五里，東西距一百七十里，南北距三百七十五里，東至烏珠穆沁界，西至阿巴噶界，南至克什克騰界，北至烏珠穆沁界，至京師一千一百八十五里。
29		浩齊特右翼旗	駐特古力克呼都克井	駐特古力克呼都克井，在獨石口東北六百九十里，東西距七十五里，南北距三百七十五里，東至左翼界二十五里，西至阿巴噶界四十里，南至阿巴噶界一百六十四里，北至左翼界二百十一里，東南至左翼界一百四十二里，西南至阿巴噶界六十五里，東北至烏珠穆沁界六十五里，西北至阿巴哈納爾界九十二里。
30		浩齊特左翼旗	駐烏默黑泉	駐烏默黑泉，在獨石口東北六百八十五里，東西距九十五里，南北距三百里，東至烏珠穆沁界十五里，西至右翼界八十里，南至克什克騰界一百二十里，北至烏珠穆沁界一百九十里，東南至烏珠穆沁界九十里，西南至右翼界八十里，東北至烏珠穆沁界六十里，西北至右翼界二百二十里。
十七	蘇尼特部			二旗，在張家口北五百五十里，東至阿巴噶右翼界，西至四子部部界，南至察哈爾界，北至瀚海，至京師九百六十里。

序號	部　名	旗　名	駐地	四　　至
31		蘇尼特右翼旗	駐薩敏西勒山	駐薩敏西勒山，在張家口北五百五十里，東西距二百四十六里，南北距二百八十里，東至左翼界一百三十里，西至四子部落界一百一十六里，南至鑲黃旗察哈爾界一百二十里，北至瀚海一百八十里，東南至正白旗察哈爾界一百三十里，西南至四子部落界一百五十里，東北至左翼界一百八十里，西北至四子部落界一百七十里。
32		蘇尼特左翼旗	駐俄林圖察拍臺岡	駐俄林圖察拍臺岡，在張家口北五百七十里，東西距一百六十里，南北距三百里，東至阿巴噶右翼界六十里，西至右翼界一百里，南至正白旗察哈爾界一百三十里，北至瀚海一百七十里，東南至鑲白旗察哈爾界一百三十里，西南至右翼界一百二十里，東北至阿霸垓右翼界一百六十里，西北至右翼界一百七十里。
十八	阿巴噶部			二旗，在張家口東北五百九十里，東西距二百里，南北距三百十里，東至阿巴哈納爾界，西至蘇尼特界，南至正藍旗察哈爾界，北至瀚海，至京師一千里。
33		阿巴噶右翼旗	駐科布爾泉	駐科布爾泉，在張家口東北五百九十里，東西距八十里，南北距三百十里，東至阿巴哈納爾界三十里，西至蘇尼特界五十里，南至正藍旗察哈爾界一百三十里，北至瀚海一百八十里，東南至阿巴哈納爾界一百二十五里，西南至蘇尼特界一百二十里，東北至阿巴哈納爾界一百七十里，西北至蘇尼特界一百五十里。
34		阿巴噶左翼旗	駐巴顏納龍	駐巴顏納龍，在獨石口北五百五十里，東西距一百二十里，南北距一百八十二里，東至浩齊特界三十一里，西至阿巴哈納爾界八十九里，南至正藍旗察哈爾界一百五十里，北至阿巴哈納爾界三十二里，東南至巴林界一百五十里，西南至正藍旗察哈爾界一百六十六里，東北至浩齊特界五十五里，西北至阿巴哈納爾界一百三十里。
十九	阿巴哈納爾部			二旗，在張家口東北六百四十里，東西距一百八十里，南北距四百三十六里，東至浩齊特界，西至阿巴噶右翼界，南至正藍旗察哈爾界，北至瀚海，至京師一千五十里。
35		阿巴哈納爾右翼旗	駐永安山	駐永安山，在張家口東北六百四十里，東西距六十里，南北距三百十里，東至左翼界三十里，西至阿巴噶界三十里，南至正藍旗察哈爾界一百七十里，北至瀚海一百四十里，東南至左翼界一百七十里，西南至阿巴噶界一百五十里，東北至左翼界一百三十里，西北至阿巴噶界一百二十里。

序號	部　名	旗　名	駐　地	四　　　　至
36		阿巴哈納爾左翼旗	駐烏爾呼拖羅海山	駐烏爾呼拖羅海山，在獨石口東北五百八十二里，東西距一百一十里，南北距三百一十八里，東至浩齊特界三十一里，西至右翼界八十九里，南至阿巴噶界三十二里，北至浩齊特界二百八十六里，東南至浩齊特界五十里，西南至右翼界一百三十六里，東北至浩齊特界五十五里，西北至右翼界一百五十二里。
二十	四子部落部			
37		四子部落旗	駐烏藍額爾吉坡	一旗，駐烏藍額爾吉坡，在張家口西北五百五十里，東西距二百三十五里，南北距二百四十里，東至蘇尼特界一百三十里，西至歸化土默特界一百五十里，南至鑲紅旗察哈爾界一百四十里，北至蘇尼特界一百里，東南至蘇尼特界一百八十里，西南至鑲藍旗察哈爾界二百里，東北至蘇尼特界一百六十里，西北至喀爾喀界一百二十里，至京師九百六十里。
二十一	茂明安部			
38		茂明安旗	駐車突泉	一旗，駐車突泉，在張家口西北八百里，東西距一百里，南北距一百九十里，東至喀爾喀界四十里，西至烏喇特界六十里，南至歸化城土默特界八十里，北至瀚海一百十里，東南至喀爾喀界七十里，西南至烏喇特界八十五里，東北至瀚海一百二十里，西北至瀚海一百四十里，至京師一千二百四十里。
二十二	烏喇特部			前中後三旗俱駐鐵柱谷，蒙古名哈達馬爾在，歸化城西三百六十里，東西距二百十五里，南北距三百里，東至茂明安界九十里，西至鄂爾多斯界一百二十五里，南至黃河鄂爾多斯界五十里，北至喀爾喀界二百五十里，東南至五達河歸化城土默特界一百二十里，西南至鄂爾多斯界一百里，東北至茂明安界一百四十五里，西北至喀爾喀界二百八十里，至京師一千五百二十里。
39		烏喇特前旗	駐鐵柱谷，蒙古名哈達馬爾	
40		烏喇特中旗	駐鐵柱谷，蒙古名哈達馬爾	
41		烏喇特後旗	駐鐵柱谷，蒙古名哈達馬爾	
二十三	喀爾喀右翼部			

序號	部 名	旗 名	駐地	四 至
42		喀爾喀右翼旗	駐他魯渾河	一旗，駐他魯渾河，在張家口西北七百十里，東西距一百二十里，南北距一百三十里，東至四子部落界六十五里，西至茂明安界五十五里，南至歸化城土默特界七十里，北至瀚海六十里，東南至四子部落界九十里，西南至茂明安界一百里，東北至四子部落界七十里，西北至茂明安界六十里，至京師一千一百三十里。
二十四	鄂爾多斯部			舊六旗，今七旗，在歸化城西二百八十五里河套內，東至歸化城土默特界，西至喀爾喀界，南至陝西長城界，北至烏喇界，東西北三面皆距黃河，自山西偏頭關至陝西寧夏衛，延長二千里有奇，至京師一千一百里。
43		鄂爾多斯左翼前旗	駐套內東南札拉谷	駐套內東南札拉谷，在湖灘河朔西一百四十五里，東西距二百四十五里，南北距二百十里，東至湖灘河朔歸化城土默特界一百四十五里，西至穌額爾吉廟左翼中旗界一百里，南至清水營邊城界一百十里，北至賀拖羅海左翼後旗界一百里，東南至黑山邊城界八十五里，西南至額勒默圖邊城界一百里，東北至黃河歸化城土默特界一百三十里，西北至可退坡左翼後旗界八十里。
44		鄂爾多斯左翼中旗	駐套內南近東敖西喜峯	駐套內南近東敖西喜峯，在札拉谷西一百六十五里，東西距一百十五里，南北距三百二十里，東至穌額爾吉廟左翼前旗界六十五里，西至插漢額爾吉右翼前旗界五十里，南至神木營邊城界二百里，北至喀賴泉右翼後旗界一百二十里，東南至賀岳爾門綽克邊城界一百八十五里，西南至額勒蘇忒五藍拖羅海邊城界六十里，東北至噶海拖羅海左翼後旗界九十里，西北至喀喇札喇右翼後旗界九十里。
45		鄂爾多斯左翼後旗	駐套內東北巴爾哈孫湖	駐套內東北巴爾哈孫湖，在黃河帽帶津西一百四十里，東西距二百八十五里，南北距一百五十里，東至黃河帽帶津歸化城土默特界一百五十里，西至插漢額爾吉左翼中旗界一百三十五里，北至黑水泊烏喇特界二十里，東南至阿祿德勒蘇左翼前旗界一百九十里，西南至哈西拉克拖羅海左翼中旗界一百四十里，東北至臺石額勒蘇歸化城土默特界八十五里，西北至綽和爾末里圖烏喇特界三百七十里。
46		鄂爾多斯右翼前旗	駐套內巴哈池	駐套內巴哈池，在敖西喜峯西九十里，東西距一百八十里，南北距二百七十里，東至插漢額爾吉左翼中旗界五十里，西至磨多圖插漢泊右翼中旗界一百三十里，南至榆林衛邊城界二百三十里，北至五藍俄博右翼後旗界四十里，東南至插漢俄博邊城界二百里，西南至芥喀圖虎喇虎邊城界三百里，東北至哈達圖泊左翼後旗界三十里，西北至插漢札達海右翼中旗界六十五里。

序號	部 名	旗 名	駐 地	四　　　至
47		鄂爾多斯右翼中旗	駐套內正西近南西喇布里都池	駐套內正西近南西喇布里都池，在鄂爾吉虎泊西南二百六十里，東西距三百二十里，南北距四百八十里，東至插漢札達海泊右翼後旗界七十里，西至插漢托海喀爾喀界二百五十里，南至賀通圖山右翼前旗界三百七十里，北至馬陰山右翼後旗界一百十里，東南至庫克拖羅海右翼前旗界一百里，西南至橫城口邊城三百三十里，東北至鄂藍拜右翼後旗界一百二十三里，西北至阿爾布斯山喀爾喀界二百二十里。
48		鄂爾多斯右翼後旗	駐套內西北鄂爾吉虎泊	駐套內西北鄂爾吉虎泊，在巴爾哈孫泊西一百七十里，東西距一百八十里南北距一百六十里，東至兔毛河左翼右旗界四十里，西至馬陰山右翼中旗界一百四十里，南至喀喇札喇克左翼中旗界一百四十里，北至色特勒黑冒頓烏喇特界二十里，東南至巴彥泉左翼後旗界一百五十里，西南至達爾巴哈岡右翼中旗界一百五十里，東北至拜塞冒頓烏喇特界四十里，西北至哈祿爾博羅烏喇特界一百八十里。
49		鄂爾多斯添設旗		游牧六旗界內。
二十五	歸化城土默特部			左右二旗，俱駐歸化城，在殺虎口北二百里，東西距四百零三里，南北距三百七十里，東至四子部落界一百三十八里，西至鄂爾多斯左翼前旗界二百六十五里，南至山西邊城界二百十里，北至喀爾喀右翼界一百六十里，東南至鑲藍旗察哈爾界，西南至鄂爾多斯左翼前旗界一百八十里，東北至四子部落界一百十里，西北至茂明安界一百七十里，至京師一千一百六十里。
50		歸化城土默特左旗	駐歸化城	
51		歸化城土默特右旗	駐歸化城	

二十四、烏里雅蘇臺統部

卷五百三十二，卷五百三十三，卷五百四十四。

喀爾喀四部八十六旗，合之唐努烏梁海部五旗，杜爾伯特部十四旗，札哈沁部一旗，新土爾扈特部二旗，新和碩特一旗，明阿特部一旗，厄魯特部一旗，阿勒坦烏梁海部七旗，阿勒坦淖爾烏梁海部二旗，則共一百二十旗。

序號	烏 里 雅 蘇 臺
	〔職官〕
1	定邊左副將軍一員
2	參贊大臣二員 章京四員
3	管理八旗換防佐領一員 驍騎校一員
4	管理綠營換防守備一員 千總一員 把總三員 外委一員
5	唐努烏梁海總管五員，五旗各一員 佐領二十五員 驍騎校二十五員
6	喀爾喀掌印札薩克 協理旗務台吉 管旗章京 副章京 參領 佐領 驍騎校，已詳載蒙古統部卷內。
7	駐班烏里雅蘇臺喀爾喀副將軍四員 參贊四員 筆帖式八員
8	札薩克公台吉四員 協理台吉四員 管旗章京，副章京四員 聽差台吉二員 協理台吉一員 管旗章京，副章京一員 驍騎校一員

序號	烏 里 雅 蘇 臺
9	管理牧廠喀爾喀札薩克一員 協理台吉一員 管旗章京副章京一員
10	科布多參贊大臣一員，管理札哈沁，厄魯特，明阿特，阿勒坦烏梁海，阿勒坦淖爾烏梁海地方，統轄杜爾伯特，新土爾扈特，新和碩特三部官兵。
11	管理綠營換防監理屯田游擊一員 千總二員 把總六員 外委一員
12	札哈沁總管二員 參領一員 佐領五員 驍騎校五員
13	明阿特總管一員 參領一員 佐領二員 驍騎校二員
14	厄魯特總管一員 參領一員 佐領二員 驍騎校二員
15	阿勒坦烏梁海副都統一員，雍正二年設，管轄七旗事務。 分理左右翼散秩大臣二員，副都統散秩大臣仍兼一旗，總管事務。 總管四員 佐領七員 驍騎校七員。
16	阿勒坦淖爾烏梁海總管二員 佐領四員 驍騎校四員
17	杜爾伯特副將軍二員 佐領 驍騎校
18	土爾扈特 驍騎校
19	和碩特 驍騎校

序號	烏 里 雅 蘇 臺
20	駐防科布多喀爾喀札薩克一員 協理台吉一員 管旗章京副章京一員 聽差台吉二員
21	管理屯田喀爾喀參領二員 佐領二員 驍騎校三員
22	管理牧廠喀爾喀協理台吉一員 管旗章京副章京二員
23	庫倫辦事大臣二員 駐紥司員二員 駐紥恰克圖司員一員
	〔屬部〕
1	喀爾喀北路土謝圖汗部。二十旗。
2	喀爾喀中路賽因諾顏部。二十二旗。附以厄魯特二旗。
3	喀爾喀東路車臣汗部。二十三旗。
4	喀爾喀西路札薩克圖汗部。十八旗,附輝特部一旗。
5	唐努烏梁海部。五旗。 定邊左副將軍所屬烏梁海二十五佐領。二在德勒格爾河東岸與土謝圖汗部右翼右末次旗接,南與賽因諾顏部中末旗接。二在庫蘇古爾泊東北;四當貝克穆河折西流處;三當謨和爾阿拉河源;四當噶哈爾河源;俱北與俄羅斯為界,十在西北跨阿勒坦河、阿穆哈河,亦與俄羅斯為界。 札薩克圖汗部所屬烏梁海五佐領,一在庫蘇古爾泊北,一在德勒格爾河西岸,南與札薩克圖汗部中左翼左旗接,一北臨貝克穆河,西與南俱臨華克穆河,一在謨什克河西,一當札克爾河源。 賽音諾顏部所屬烏梁海十三佐領,俱南依鄂爾噶汗山,西與科布多所屬阿勒坦淖爾烏梁海二旗接,北與俄羅斯為界。 哲布尊丹巴呼圖克圖門徒所屬烏梁海三佐領,在陶托泊北,西臨華克穆河,北與俄羅斯為界。
6	杜爾伯特部。十四旗。
7	札哈沁部。一旗。
8	土爾扈特部。新土爾扈特部二旗。
9	和碩特部。新和碩特一旗。
10	明阿特部。一旗。
11	厄魯特部。一旗。
12	阿勒坦烏梁海部。七旗。
13	阿勒坦淖爾烏梁海部。二旗。

二十五、阿拉善厄魯特

卷五百四十五。

《大清一統志》（嘉慶）僅載阿拉善厄魯特一旗，未載額濟納舊土爾扈特。

序號	部 名	旗 名	駐 地	四　　　至
一	阿拉善厄魯特			
1		阿拉善厄魯特旗	駐牧賀蘭山陰及龍首山北	一旗，駐牧賀蘭山陰及龍首山北，東至寧夏府邊外界，西至甘州府邊外界，南至涼州府邊外界，北至瀚海接喀爾喀界，表延七百里，至京師七千里。

二十六、察哈爾

卷五百四十九。

若製圖，則察哈爾八旗宜與官牧廠爲一圖，因官牧場均位於察哈爾八旗之內也。

序號	部　名	旗　名	駐　地	四　　　至
	察哈爾部			八旗，東至克什克騰界，西至歸化城土默特界，南至太僕寺左右翼鑲黃旗正黃旗各牧廠及山西大同府朔平府邊界，北至蘇尼特及四子部落界，表延千餘里，其鑲黃正黃鑲紅正紅四旗駐張家口外，正白鑲白正藍三旗駐古北口外，鑲藍一旗駐殺虎口外。
1		鑲黃旗察哈爾	駐蘇門峯	駐蘇門峯，在張家口北三百四十里，東西距三百四十里，南北距一百九十里，東至正白旗察哈爾界九十里，西至正黃旗察哈爾界七十里，南至鑲黃旗牧廠七十里，北至蘇尼特右翼界一百二十里，東南至正白旗察哈爾界一百六十里，西南至正黃旗牧廠界五十里，東北至蘇尼特左翼界一百二十里，西北至蘇尼特右翼界一百三十里，由張家口至京師七百五十里。
2		正黃旗察哈爾	駐木孫忒克山	駐木孫忒克山，在張家口西北三百二十里，東南距一百十里，南北距一百八十里，東至鑲黃旗察哈爾界五十里，西至正紅旗察哈爾界六十里，南至太僕寺右翼牧廠界一百里，北至拉烏訥根山一百八十里，其東南至正黃旗牧廠界九十里，西南至正紅旗察喀爾界一百里，東北至蛇井二百五十里，西北至伊克札喇和邵山一百九十里，由張家口至京師七百三十里。
3		正紅旗察哈爾	駐古爾板拖羅海山	駐古爾板拖羅海山，在張家口外西北三百七十里，東西距五十五里，南北距二百八十里，東至正黃旗察哈爾界三十五里，西至鑲紅旗察哈爾界二十里，南至太僕寺右翼牧廠界一百里，北至四子部落界一百八十里，東南至正黃旗察哈爾界一百十里，西南至鑲紅旗察哈爾界一百里，東北至四子部落界一百七十里，西北至鑲紅旗察哈爾界一百六十里，由張家口至京師八百里。
4		鑲紅旗察哈爾	駐布林泉	駐布林泉，在張家口西北四百二十里，東西距五十里，南北距二百九十里，東至正紅旗察哈爾界二十里，西至鑲紅旗察哈爾界三十里，南至大同府邊外一百二十里，北至四子部落界一百七十里，東南至邊界一百里，西南至鑲藍旗察哈爾界一百十里，東北至四子部落界一百七十里，西北至鑲藍旗察哈爾界一百八十里，由張家口至京師八百三十里。

序號	部　名	旗　名	駐　地	四　至
5		正白旗察哈爾	駐布爾噶臺	駐布爾噶臺，在獨石口西北二百九十里，東西距七十八里，南北距二百九十五里，東至鑲白旗察哈爾界五十八里，西至鑲黃旗察哈爾界二十里，南至鑲黃旗察哈爾界一百四十里，北至鑲白旗察哈爾界一百五十里，東南至鑲白旗察哈爾界一百九十里，西南至鑲黃旗察哈爾界六十里，東北至鑲白旗察哈爾界七十五里，西北至鑲黃旗察哈爾界一百五十里，由獨石口至京師八百二十里。
6		鑲白旗察哈爾	駐布雅阿海蘇默	駐布雅阿海蘇默，在獨石口北二百四十五里，東西距五十六里，南北距一百九十七里，東至太僕寺牧廠界八里，西至正白旗察哈爾界四十八里，南至太僕寺牧廠界六十六里，北至正藍旗察哈爾界一百三十一里，東南至太僕寺牧廠界八十二里，西南至正白旗察哈爾界九十里，東北至正藍旗察哈爾界四十里，西至至正藍旗察哈爾界四十里，由獨石口至京師七百七十里。
7		正藍旗察哈爾	駐札哈蘇臺泊	駐札哈蘇臺泊，在獨石口東北三百六十里，東西距二百六十五里，南北距九十五里，東至克什克騰界一百九十里，西至鑲白旗察哈爾界七十五里，南至御馬廠官羊臺界三十五里，北至阿巴噶左翼界六十里，東南至御馬廠界四十里，西南至鑲白旗察哈爾界五十里，東北至阿巴噶左翼界一百二里，西北至阿巴噶右翼界五十五里，由獨石口至京師八百九十里。
8		鑲藍旗察哈爾	駐阿巴漢喀喇山	駐阿巴漢喀喇山，在殺虎口東北九十里，東西距一百十五里，南北距一百六十里，東至鑲紅旗察哈爾界六十里，西至歸化城土默特界五十五里，南至山西大同府邊界九十里，北至四子部落界七十里，東南至邊界七十里，西南至歸化城土默特界四十里，東北至鑲紅旗察哈爾界一百四十里，西北至歸化城土默特界五十里，由殺虎口至京師一千里。

二十七、青海厄魯特

卷五百四十六。

雍正三年初編青海各部落旗分佐領，部落四，爲旗二十有九，青海厄魯特二十一旗，回特三旗，土爾扈特四旗，喀爾喀一旗，又有大喇嘛察罕諾們汗所屬蒙古，分四佐領，不統於各旗，給印，令大喇嘛管轄。

二十八、牧廠

卷五百四十八。

此處僅列隸屬清廷中央之官牧廠，各地駐防軍隊之牧場不列之。

序號	牧　廠	隸　屬	四　　　至	今　地　攷
1	大凌河牧廠〔註9〕	上駟院，盛京將軍	錦州大凌河牧場，東至右屯衛，西至鴨子廠，南至海，北至黃山，仍留備牧馬之用，不許民開墾。《皇朝文獻通攷》卷一九三 設牧場於盛京大凌河，大凌河坐落於錦縣界外，牧場一處，東至張良堡，西至杏山，南至海，北至黃山堡，東西寬八十里，南北長四十里，又坐落廣寧縣界甄臺子牧場一處，東至茫漲湖，西至四方臺，南至甜水井，北至無量殿，東西寬六十里，南北長三十里。 場各轄以總管，大凌河一人，係錦州副都統兼管。商都達布遜諾爾，達里岡愛一人，係察哈爾副都統兼管。小總管商都達布遜諾爾一人，達里岡愛一人。翼長，大凌河二人，商都達布遜諾爾五人，達里岡愛四人。《欽定大清會典》（嘉慶）卷七十八　上駟院	遼寧省盤山縣，大窪縣地區大凌河流域。
2	養息牧廠	上駟院，盛京將軍	在盛京錦州府廣寧縣北二百一十里彰武臺邊門外，東西距一百五十里，南北距二百五十里，東至科爾沁左翼前旗界九十里，西至土默特左翼界六十里，南至彰武臺邊門五十里，北至科爾沁左翼前旗二百里，東南至邊界一百里，西南至邊界八十里，東北至科爾沁左翼前旗一百十里，西北至西勒圖庫倫界一百五十里，由喜峯口至京師一千二百五十里。《大清一統志》（嘉慶）卷五百四十八	遼寧省彰武縣，牧廠設於杜爾筆山下。
3	御馬廠，亦名上都牧廠（商都達布遜諾爾牧場）	上駟院	在獨石口東北一百四十五里博羅城，東西距一百三十里，南北距一百九十七里，東至古爾板庫德八十里，西至鑲白旗察哈爾界五十里，南至插漢噶爾特七十里，至邊城一百四十里，北至鑲白旗	博羅城即今內蒙古正藍旗黑城子示範區黑城子遺址，即今內蒙古正藍旗上都鎮寶日浩特。昂

〔註9〕《大清一統志》（嘉慶）卷五十七奉天武職官列有大凌河牧群總管一員和養息牧河牧場總管一員，知此處為二牧廠，皆隸盛京將軍。

序號	牧廠	隸屬	四　　至	今　地　攷
			察哈爾界五十七里，東南至鄂博圖五十里，西南至木魯爾圖魯，五十里東北至阿齊圖喀拉八十里，西北至鑲藍旗察哈爾界四十七里，由獨石口至京師六百七十五里。《大清一統志》（嘉慶）卷五百四十八	古里諾爾即今河北省張北縣安固里淖。
			設牧場於邊墻外曰商都達布遜諾爾，商都達布遜諾爾牧場，在獨石口外之北，東至錫喇西寶臺，與鑲黃旗察哈爾游牧為界，西至察罕齊老圖，與正黃旗察哈爾游牧為界，南至昂古里諾爾，額爾吉圖，與正黃旗牧牛場為界，北至烏蘭諾爾，與蘇尼特右翼旗游牧為界，東西寬一百九十里，南北長二百七十里。《欽定大清會典》（嘉慶）卷七十八　上駟院	
4	達里岡愛牧場	上駟院	設牧場於邊墻外曰達里岡愛，達里岡愛牧場在多倫諾爾廳之東北，東至衰鄂都爾，與喀爾喀車臣汗部落左翼後旗游牧為界，西至札木額古德都木達呼都克，與蘇尼特左翼旗游牧為界，南至額欽碧流圖，與阿巴噶右翼旗游牧為界，北至錫巴爾圖鄂格什，與喀爾喀車臣汗部落中末右旗游牧為界，東西寬三百里，南北長四百里。 場各轄以總管，大凌河一人，係錦州副都統兼管。商都達布遜諾爾，達里岡愛一人，係察哈爾副都統兼管。小總管商都達布遜諾爾一人，達里岡愛一人。翼長，大凌河二人，商都達布遜諾爾五人，達里岡愛四人。《欽定大清會典》（嘉慶）卷七十八　上駟院	今蒙古達里甘嘎。
5	禮部牧廠	禮部	在張家口西北二百三十里查喜爾圖插漢池，東西距四十六里，南北距六十五里，東至鑲黃旗牧廠界，西至正黃旗察哈爾界，南至正黃旗牧廠界，北至正黃旗察哈爾界，由張家口至京師六百四十里。《大清一統志》（嘉慶）卷五百四十八	內蒙古商都縣察汗淖周圍。
6	太僕寺左翼牧廠	太僕寺	在張家口東北一百四十里喀喇尼墩井，東西距一百三十里，南北距五十里東至宣化府邊界七十里，西至鑲黃旗牧廠界六十里，南至鑲藍旗牧廠界三十里，北至鑲黃旗察哈爾界二十里，東南至鑲藍旗牧廠界九十里，西南至鑲黃旗牧廠	喀喇尼墩井為內蒙古太僕寺旗貢寶拉格蘇木五旗敖包。

序號	牧廠	隸屬	四　　至	今　地　攷
			界六十里，東北至正白旗察哈爾界七十里，西北至鑲黃旗察哈爾界七十里，由張家口至京師五百五十里。《大清一統志》（嘉慶）卷五百四十八 設種馬場二於邊外。本寺牧場始屬兵部，曰大庫口外種馬一場，康熙九年改屬本寺。 曰左翼場，左翼種馬場在獨石口外都石山之北，驛馬騸馬均牧於此，東至布輝布拉克，與右翼驛馬場之西南爲界，西至察漢齊老圖與內務府鑲黃旗牛場爲界，南至都石山前橫道與獨石口廳屬張麻井爲界，北至哈特呼拉臺與正白旗察哈爾游牧爲界，東西長二百里，南北寬一百七十里。《欽定大清會典》（嘉慶）卷五十七　太僕寺	
7	太僕寺右翼牧廠	太僕寺	在張家口西北三百五十里齊爾漢河，東西距一百五十里，南北距六十五里，東至正黃旗察哈爾界六十里，西至鑲紅旗察哈爾界九十里，南至大同府界約三十五里，北至正紅旗察哈爾界三十里，東南至邊界四十里，西南至邊界八十里，東北至正黃旗察哈爾界四十里，西北至鑲紅旗察哈爾界七十里，由張家口至京師七百二十里。《大清一統志》（嘉慶）卷五百四十八 曰右翼場，右翼種馬場原在山西大同邊外豐鎮廳境，後移而東，分驛馬場，騸馬場爲二，驛馬場在獨石口外商都河之南，東至呼德里與正藍旗察哈爾游牧爲界，西至烏蘭哈勒罕山與鑲白旗察哈爾游牧爲界，南至塔爾奎哈布齊老與多倫諾爾廳所屬諾海和朔爲界，北至霍約爾奔巴與內務府正白旗牛羊場爲界，東西長一百二十里，南北寬八十里。騸馬場在張家口外布爾噶蘇臺河之西北，東至伊克昂古里與內務府鑲黃旗牛場爲界，西至齊倫翁果齊與正黃旗察哈爾游牧爲界，南至布楞布拉克與正黃旗察哈爾游牧爲界，北至哈穆科山與內務府鑲黃旗牛場鑲黃旗察哈爾游牧爲界，東西場七十里，南北寬五十里。《欽定大清會典》（嘉慶）卷五十七　太僕寺	齊爾漢河爲今內蒙古豐鎮市飲馬河，後移至文書臺西路第三臺馬蓮渠（今張北縣馬藍渠），嘉慶以後，騸馬群移至打拉齊廟（今河北省張北縣達拉齊廟），驛馬群移至太僕寺左翼牧場以東，獨石口以北，原上駟院所屬上都牧場所在地上都河塔拉（閃電河）一帶。

序號	牧廠	隸屬	四　　至	今　地　攷
8	鑲黃等四旗牧廠	鑲黃等四旗	在張家口北一百里控果羅鄂博岡，東西距一百四十里，南北距一百五十里，東至鑲藍旗牧廠界九十里，西至正黃旗牧廠界五十里，南至宣化府邊界四十里，北至鑲黃旗察哈爾界一百十里，東南至鑲藍旗牧廠界九十里，西南至邊界五十里，東北至上太僕寺左翼牧廠界六十里，西北至鑲黃旗察哈爾界一百九十里，由張家口至京師四百一十里。《大清一統志》（嘉慶）卷五百四十八	今內蒙古興和縣五臺河上游大庫聯鄉附近。興和故城在牧廠西南二十里。
9	正黃等四旗牧廠	正黃等四旗	在張家口西北二百里諾莫渾博羅山，東西距一百三十里，南北距二百五十里，東至鑲黃旗牧廠界六十里，西至正黃旗察哈爾界七十里，南至邊界一百三十里，北至正黃旗察哈爾界一百二十里，東南至鑲黃旗牧廠界八十里，西南至正黃旗察哈爾界九十里，東北至鑲黃旗察哈爾界一百十里，西北至正黃旗察哈爾界一百里，由張家口至京師六百一十里。《大清一統志》（嘉慶）卷五百四十八	查喜爾圖插漢池在牧廠北四十里，池西即禮部牧廠地。據此知正黃等四旗牧廠在禮部牧廠東南，禮部牧廠在查喜爾圖插漢池，即今內蒙古商都縣察汗淖，故知正黃等四旗牧廠在河北省尚義縣哈拉溝鄉一帶。《大清一統志》（嘉慶）卷五百四十八載集寧廢縣在牧廠界內，而集寧路城遺址在內蒙古察哈爾右翼前旗巴音塔拉鎮土城子村，故牧廠範圍較大。

蒙旗資料

內札薩克蒙古《皇朝續文獻通攷》

《皇朝續文獻通攷》卷三百二十七與地攷二十三內札薩克蒙古。

內札薩克蒙古凡六盟二十四部，四十八旗。實爲五十旗，合之歸化城土默特二旗，錫呼圖庫倫喇嘛游牧一旗，則爲五十三旗，較《大清一統志》（嘉慶）多出一旗爲土默特部左翼附牧一旗。另此目下亦載察哈爾八旗。

序　號	部旗名	駐地（《皇朝續文獻通攷》）	經緯度（《皇朝續文獻通攷》）	經緯度（《清史稿》志五十二）
一	科爾沁			
	掌旗六			
1	科爾沁右翼中旗	駐巴音和碩之南日塔克闌	北緯四十六度十七分東經四度三十分	相同
2	科爾沁右翼前旗	駐錫喇布爾哈蘇	北緯四十六度東經五度三十分	相同
3	科爾沁右翼後旗	駐額木圖坡	北緯四十五度四十分東經六度二十分	北極高四十六度京師偏東五度三十分
4	科爾沁左翼中旗	駐西遼河之北伊克唐噶里克坡	北緯四十三度四十分東經六度四十分	相同
5	科爾沁左翼前旗	駐伊克岳里泊	北緯四十三度東經六度二十分	北極高四十三度京師偏東六度四十分
6	科爾沁左翼後旗	駐雙和爾山	北緯四十二度五十分東經六度五十分	北極高四十二度京師偏東六度二十分
二	郭爾羅斯			

序　號	部旗名	駐地（《皇朝續文獻通攷》）	經緯度（《皇朝續文獻通攷》）	經緯度（《清史稿》志五十二）
	二旗，附屬科爾沁左翼。			
7	郭爾羅斯前旗	駐固爾班察罕	北緯四十五度三十分 東經八度十分	相同
8	郭爾羅斯後旗	駐榛子嶺	北緯四十六度十分 東經八度二十分	相同
三	杜爾伯特			
9	一旗，附科爾沁右翼。	駐托克多爾坡	北緯四十七度十五分 東經七度十分	相同
四	札賚特			
10	一旗，附屬科爾沁右翼。	駐圖卜紳察罕坡	北緯四十六度三十分 東經七度四十五分	相同
五	札魯特			
	二旗，左，右同游牧地			
11	札魯特左翼旗	駐齊齊克哩克托羅海山北	北緯四十五度三十分 東經三度	相同
12	札魯特右翼旗	駐兔爾山南	北緯四十五度三十分。 東經三度	相同
六	喀爾喀左翼			
13	一旗	駐察罕和碩圖	北緯四十二度三十分 東經五度三十分	北極高四十三度四十二分 京師偏東五度二十七分
七	奈曼			
14	一旗	駐章武臺	北緯四十三度十五分 東經五度	相同
八	敖漢			
15	一旗	駐固班圖勒噶山	北緯四十三度十五分 東經四度	相同
九	土默特			
	旗二，又附牧一旗			
16	左翼旗	駐旱龍潭山，一作烏蘭陀羅海山	北緯四十二度十分 東經四度三十分	相同
17	右翼旗	駐巴顏和碩，亦名大華山	北緯四十一度四十分 東經四度二十分	相同

序 號	部旗名	駐地(《皇朝續文獻通攷》)	經緯度(《皇朝續文獻通攷》)	經緯度(《清史稿》志五十二)
18	左翼附牧一旗			
19	錫呼圖庫倫喇嘛游牧旗			
十	喀喇沁			
	掌旗三			
20	喀喇沁右翼旗	駐錫伯河莊	北緯四十一度五十分東經二度四十分	相同
21	喀喇沁左翼旗	駐牛心山,一作巴顏察罕山,漢名影壁。	北緯四十一度十分東經三度四十分	相同
22	增設一旗	駐珠布格朗圖巴彥哈喇山	北緯四十一度三十分東經二度	相同
十一	翁牛特			
	二旗			
23	翁牛特右翼旗	駐英席爾哈七特呼朗,在古北口東北五百二十里。	北緯四十二度三十分東經二度	北極高四十三度十分京師偏東二度五十分
24	翁牛特左翼旗	駐札喇峰西綽克溫都爾,在古北口東北六百八十里。	北緯四十三度十分東經二度五十分	相同
十二	阿魯科爾沁			
25	一旗	駐琿圖爾山東托果木臺,在古北口東北千一百里。	北緯四十五度三十分東經三度五十分	北極高四十度三十分京師偏東三度五十分
十三	巴林			
	二旗,所轄疆理同			
26	巴林右翼旗	駐托鉢山。	北緯四十三度三十六分東經二度十四分	相同
27	巴林左翼旗	駐阿察圖陀羅海。在古北口東北七百八十里。	北緯四十三度三十六分東經二度十四分	相同
十四	克什克騰			
28	一旗	駐吉拉巴斯峰,在古北口東北五百七十里。	北緯四十三度東經一度十分	北極高四十三度京師偏東一度

序 號	部旗名	駐地（《皇朝續文獻通攷》）	經緯度（《皇朝續文獻通攷》）	經緯度（《清史稿》志五十二）
十五	烏珠穆沁			
	二旗			
29	烏珠穆沁右翼旗	駐巴克蘇爾哈台山，在古北口東北九百二十三里。	北緯四十四度四十五分 東經一度十分	相同
30	烏珠穆沁左翼旗	駐鄂爾虎河之側魁蘇陀羅海，在古北口東北一千一百六十里。	北緯四十六度二十分 東經二度二十分	
十六	浩齊特			
	二旗			
31	浩齊特右翼旗	駐烏默黑塞里，在獨石口東北六百八十五里		北極高四十四度 京師偏東三分
32	浩齊特左翼旗	駐特古力克呼圖克湖欽，在獨石口東北六百九十里。		北極高四十四度五分 京師偏東四分
十七	阿巴哈納爾			
	二旗			
33	阿巴哈納爾右翼旗	駐永安山，一作昌圖山，在張家口東北六百四十里。	北緯四十三度三十分 東經二十分	相同
34	阿巴哈納爾左翼旗	駐烏爾呼拖羅海山，在獨石口東北五百八十二里。	北緯四十三度五十三分 東經二十八分	相同
十八	阿巴噶			
	二旗			
35	阿巴噶右翼旗	駐科布爾泉，在張家口東北五百九十里。	北緯四十三度三十分 東經二十分	北極高四十三度三十分 京師偏西二十分
36	阿巴噶左翼旗	駐巴顏額倫，在獨石口北五百五十里。	北緯四十二度五十三分 東經二十八分	北極高四十三度五十分
十九	蘇尼特			
	二旗			
37	蘇尼特右翼旗	駐薩敏錫勒山，在張家口北五百五十里。東南距京師九百六十里。	北緯四十三度二分 西經二度一分	相同

序　號	部旗名	駐地（《皇朝續文獻通攷》）	經緯度（《皇朝續文獻通攷》）	經緯度（《清史稿》志五十二）
38	蘇尼特左翼旗	駐和林圖察伯臺岡，在張家口北五百七十里。	北緯四十三度三分 東經一度二分	相同
二十	四子部落			
39	一旗	駐烏蘭額爾濟坡，在張家口西北五百五十里。	北緯四十二度四十一分 西經四度二十二分	相同
二十一	喀爾喀右翼			
40	一旗	駐塔爾渾河，在張家口西北七百十里。	北緯四十一度四十四分 西經五度五十五分	相同
二十二	茂明安			
41	一旗	駐車突泉（徹特塞里），在張家口西北八百里。	北緯四十一度十五分 西經六度九分	相同
二十三	烏喇特			
42 43 44	三旗	三札薩克同駐殺虎口外西北哈達瑪爾，一名鐵柱谷。	北緯四十度五十二分 西經六度三十分	相同
二十四	鄂爾多斯			
	旗七			
45	鄂爾多斯左翼前旗	駐套內東南札拉谷，在托克托西南一百四十五里。	北緯三十九度四十分 西經五度四十分	相同
46	鄂爾多斯左翼中旗	駐套內偏南近東鄂錫喜峰，在札拉谷西一百六十五里。	北緯三十九度三十分 西經七度	相同
47	鄂爾多斯左翼後旗	駐套內東北巴爾哈孫湖，在薩拉齊西南一百五十里。	北緯四十度二十分 西經六度十分	北極高四十度四十分。京師偏西八度
48	鄂爾多斯右翼前旗	駐套內西南巴哈諾爾，在鄂錫喜峰西九十里。	北緯三十八度二十分 西經八度	北極高三十八度二十分。京師偏西九度
49	鄂爾多斯右翼中旗	駐正西錫拉布里多諾爾，在鄂爾吉湖西南二百六十里。	北緯三十九度四十分 西經九度。	相同
50	鄂爾多斯右翼後旗	駐套內西北鄂爾吉虎諾爾，在巴爾哈孫泊西一百七十里。	北緯四十度四十分 西經八度	相同

序　號	部旗名	駐地（《皇朝續文獻通攷》）	經緯度（《皇朝續文獻通攷》）	經緯度（《清史稿》志五十二）
51	鄂爾多斯右翼前末旗	在前旗之北	北緯三十八度二十分 西經八度	相同
二十五	察哈爾八旗			
	都統駐張家口，至京師四百三十里。		北緯四十二度二十分 西經十分	相同
1	察哈爾左翼鑲黃旗	駐蘇們哈達，在張家口北三百四十里。	北緯四十一度五十分 西經二度十分	相同
2	察哈爾右翼正黃旗	駐穆遜特格山，在張家口西北三百二十里。	東半旗北緯四十一度五十分，西經二度三十分。西半旗北緯四十一度四十分，西經二度五十分。	相同
3	察哈爾左翼正白旗	駐布爾噶臺，在獨石口西北二百九十里。	北緯四十二度十分 西經一度三十分	相同
4	察哈爾左翼鑲白旗	駐布延阿海蘇默，在獨石口北二百四十五里。	北緯四十二度十分 西經一度十分	相同
5	察哈爾右翼正紅旗	駐古爾班陀羅海山，在張家口西北三百七十里	北緯四十一度四十分 西經三度二十分	相同
6	察哈爾右翼鑲紅旗	駐布林泉，在張家口西北四百二十里	北緯四十一度三十分 西經三度四十分	相同
7	察哈爾左翼正藍旗	駐札哈蘇臺泊，在獨石口東北三百六十里。	北緯四十二度十分 西經三十分	相同
8	察哈爾右翼鑲藍旗	駐阿巴漢喇喀山，在殺虎口東北九十里	北緯四十一度三十分 西經四度二十分	相同
二十六	歸化城土默特			
	旗二			
52	歸化城土默特左翼旗	駐歸化城外，在山西殺虎口西北二百里。		
53	歸化城土默特右翼旗	駐歸化城外。		

喀爾喀蒙古〔註1〕《皇朝續文獻通攷》

《皇朝續文獻通攷》卷三百二十八與地攷二十四喀爾喀蒙古。

此目雖名喀爾喀蒙古，實其內容包括定邊左副將軍，庫倫辦事大臣，科布多參贊大臣及伊犁將軍統轄之所有蒙古部落。與《大清一統志》（嘉慶）所載烏里雅蘇臺統部所載不同者為唐努烏梁海部四部，未言旗數，杜爾伯特部為十六旗，非十四旗，較《大清一統志》（嘉慶）所載杜爾伯特部多二旗，為附輝特一旗曰下後旗與附輝特一旗曰下前旗。此目下所載伊犁將軍所轄之額魯特為南路舊土爾扈特部四旗，中路和碩特部三旗，北路舊土爾扈特部三旗，東路舊土爾扈特部二旗共十二旗。此目下亦載明蘭山額魯特一旗，額濟納舊土爾扈特一旗，俗稱之套西二旗。另喀爾喀有五喇嘛旗，即哲布尊丹巴呼圖克圖，額爾德尼班第達呼圖克圖，札牙班第達呼圖克圖，青蘇珠克圖諾們罕，那魯班禪呼圖克圖，見《欽定大清會典》（嘉慶）。

序號	部旗名	駐地《皇朝續文獻通攷》	經緯度《皇朝續文獻通攷》	經緯度《清史稿》志五十三
一	土謝圖汗部			北極高四十五度三十三分。 京師偏西十一度二十四分。
	喀爾喀中路土謝圖汗部駐圖拉河左右境，所部二十旗，於本旗外分十九札薩克掌之，仍統領於土謝圖汗。		北緯四十六度四十分西經十一度二十分。	
1	喀爾喀中路土謝圖汗部	駐圖拉河左右境。	北緯四十六度四十分西經十一度二十分	相同
2	土謝圖汗右翼左旗		北緯四十九度二十分西經九度十分	相同
3	土謝圖汗中右旗		北緯四十六度五十分西經九度十分	相同
4	土謝圖汗左翼中旗		北緯四十四度西經五度二十分	牧地當阿勒泰軍臺所經。 北緯四十四度二十分。 西經七度五十分

〔註1〕　《皇朝續文獻通攷》作喀爾喀蒙古，實其內容包括定邊左副將軍，庫倫辦事大臣，科布多參贊大臣及伊犁將軍統轄之所有蒙古部落。

序號	部旗名	駐地《皇朝續文獻通攷》	經緯度《皇朝續文獻通攷》	經緯度《清史稿》志五十三
5	土謝圖汗中旗		北緯四十七度二十分西經七度三十分	相同
6	土謝圖汗左翼後旗		北緯四十四度五十分西經九度五十分	相同
7	土謝圖汗中右末旗		北緯四十七度十分西經八度五十分	相同
8	土謝圖汗左翼左中末旗		北緯四十五度四十分西經十度三十分	牧地當喀魯哈河源。喀魯哈河流出平地，在翁金河之北二百里，鄂爾坤河北折之東四百里。西十二度，極四十六度七分。
9	土謝圖汗右翼右旗		北緯四十五度十分西經十一度三十分	相同
10	土謝圖汗左翼前旗		北緯四十七度五十分西經十一度二十分	相同
11	土謝圖汗右翼右末旗		北緯四十八度十分西經八度三十分	相同
12	土謝圖汗中左旗		北緯四十六度五十分西經十度四十分	相同
13	土謝圖汗左翼右末旗		北緯四十五度十分西經七度二十分	牧地當阿勒泰軍臺之東。達庫倫之驛於是分道。
14	土謝圖汗左翼末旗		北緯四十四度三十分西經七度	牧地當阿勒泰軍臺之東。
15	土謝圖汗左翼中左旗		北緯四十四度二十分西經七度五十分	牧地當阿勒泰軍臺之西。
16	土謝圖汗中次旗		北緯四十三度五十分西經三度五十分	牧地當左翼中旗之東。
17	土謝圖汗右翼右末次旗		北緯四十九度五十分西經十度十分	相同
18	土謝圖汗右翼左後旗		北緯四十八度二十分西經十度四十分	相同
19	土謝圖汗中左翼末旗		北緯四十九度五十分西經九度二十分	相同
20	土謝圖汗右翼左末旗		北緯四十八度四十分西經七度三十分	相同

序號	部旗名	駐地《皇朝續文獻通攷》	經緯度《皇朝續文獻通攷》	經緯度《清史稿》志五十三
二	車臣汗部			北極高四十五度三十四分。 京師偏西五度三十四分
	所部旗二十三，於本旗外，分二十二札薩克掌之，仍統領於車臣汗。			
1	格根車臣汗旗		北緯四十六度四十分 西經五度三十分	相同
2	車臣汗左翼中旗		北緯四十八度十分 西經四度十分	相同
3	車臣汗中右旗		北緯四十七度五十分 東經一度三十分	牧地喀爾喀河至是瀦於貝爾諾爾。
4	車臣汗右翼中旗		北緯四十五度四十分 西經七度二十分	相同
5	車臣汗中末旗		北緯四十五度四十分 西經五度二十分	相同
6	車臣汗中左旗		北緯四十七度十分 西經三度二十分	相同
7	車臣汗中後旗		北緯四十九度十分 西經六度十分	相同
8	車臣汗左翼前旗		北緯四十七度二十分 東經二度二十分	相同
9	車臣汗右翼中右旗		北緯四十五度四十分 西經六度二十分	相同
10	車臣汗左翼後旗		北緯四十六度三十分 西經一度十分	相同
11	車臣汗左翼後末旗		北緯四十七度四十分 東經十分	相同
12	車臣汗右翼後旗		北緯四十六度十分 東經十分	相同
13	車臣汗中末右旗		北緯四十五度五十分 西經五度	相同
14	車臣汗右翼中左旗		北緯四十七度二十分 西經五度四十分	相同
15	車臣汗右翼前旗		北緯四十八度十分 西經五度三十分	相同

序號	部旗名	駐地《皇朝續文獻通攷》	經緯度《皇朝續文獻通攷》	經緯度《清史稿》志五十三
16	車臣汗右翼左旗		北緯四十七度三十分西經五度	相同
17	車臣汗中末次旗		北緯四十八度五十分西經四度五十分	相同
18	車臣汗左翼右旗		北緯四十七度三十分西經四度四分	相同
19	車臣汗中右後旗		北緯四十七度五十分西經六度三十分	相同
20	車臣汗左翼左旗		北緯四十九度十分西經二度五十分	相同
21	車臣汗中左前旗		北緯四十九度二十分西經二度	相同
22	車臣汗中前旗		北緯四十九度四十分西經五分	相同
23	車臣汗右翼中前旗		北緯四十六度四十分西經六度三十分	相同
三	札薩克圖汗部			北極高四十三度三十五分。京師偏西十九度九分
	喀爾喀西路札薩克圖汗部，所部十八旗，附輝特一旗，共十九旗，於本旗外分十八札薩克掌之，仍統領於札薩克汗。		北緯四十三度四十分西經二十度十分	相同
1	札薩克圖汗兼管右翼左旗		北緯四十三度四十分西經二十度十分	相同
2	札薩克圖汗中左翼左旗		北緯四十九度五十分西經十六度四十分	相同
3	札薩克圖汗左翼中旗			
4	札薩克圖汗右翼後旗		北緯四十六度十分西經二十二度與左翼中旗同游牧。牧地當札布噶河西岸。	相同
5	札薩克圖汗左翼右旗		北緯四十六度五十分西經二十四度五十分	相同
6	札薩克圖汗左翼前旗			

序號	部旗名	駐地《皇朝續文獻通攷》	經緯度《皇朝續文獻通攷》	經緯度《清史稿》志五十三
7	札薩克圖汗左翼後末旗		北緯四十八度三十分 西經十九度二十分 與左翼前旗同游牧。牧地在奇勒稽思諾爾之東，一作柯爾奇思諾爾，在阿勒泰頂東南，去兩旗札薩克駐處八百里。	相同
8	札薩克圖汗右翼右末旗		北緯四十九度二十分 西經十四度三十分	相同
9	札薩克圖汗中左翼右旗		北緯四十九度十分 西經十六度	相同
10	札薩克圖汗右翼右旗		北緯四十二度四十分 西經十九度四十分	相同
11	札薩克圖汗左翼後旗		北緯四十二度十分 西經二十度三十分	相同
12	札薩克圖汗中右翼末旗		北緯四十五度十分 西經二十一度 所部察罕諾爾有二，一在左翼右旗之西，其南為齊齊克泊，接科布多界；一即此，濟爾哈河所瀦也。	相同
13	札薩克圖汗右翼後末旗		北緯四十四度十分 西經二十度四十分	相同
14	札薩克圖汗中右翼左旗		北緯四十六度 西經二十五度二十分	相同
15	札薩克圖汗右翼前旗		北緯四十三度十分 西經二十度四十分	相同
16	札薩克圖汗左翼左旗		北緯四十八度 西經而是三度三十分	相同
17	札薩克圖汗中右翼末次旗		北緯四十七度五十分 西經二十二度四十分 牧地有特們諾爾，委袞諾爾，兩諾爾水皆發源烏里雅蘇臺軍營城北大山，東北流，瀦為兩大泊，委袞在北，特們在南，中隔一嶺，南北相望，形擬蝌蚪也。	相同

序號	部旗名	駐地《皇朝續文獻通攷》	經緯度《皇朝續文獻通攷》	經緯度《清史稿》志五十三
18	札薩克圖汗中左翼末旗		北緯四十九度五十分西經十四度二十分	相同
19	札薩克圖汗附輝特一旗		北緯四十四度五十分西經二十分	濟爾哈河自旗南界合三源東北流，至札薩克圖汗部中右翼末旗界，瀦爲察罕諾爾。
四	賽音諾顏部			北極高四十五度四十四分。京師偏西十二度五十分。
	喀爾喀中路賽音諾顏部，所部二十二旗，附額魯特二旗，共二十四旗，於本旗外分二十三札薩克掌之，仍統領於大札薩克親王。			
1	賽音諾顏旗		北緯四十五度四十分西經十三度五十分	牧地當鄂爾坤河源，在北緯四十七度，西經十四度五十分處。
2	賽音諾顏中路左末旗	大札薩克親王所駐牧地。	北緯四十七度五十分西經十五度四十分	相同
3	賽音諾顏右翼右後旗		北緯四十六度三十分西經十五度五十分	相同
4	賽音諾顏中路中右旗		北緯四十四度五十分西經十四度五十分	瀦爲鄂洛克泊，形東西長四十里。西十五度五分，極四十五度六分。
5	賽音諾顏中路中前旗		北緯四十五度三十分西經十二度二十分	相同
6	賽音諾顏中路中左旗		北緯四十八度四十分西經十五度三十分	相同
7	賽音諾顏中路中末旗		北緯四十九度二十分西經十二度三十分	相同
8	賽音諾顏右翼中左旗	額爾德尼喇嘛牧地。	北緯四十四度十分西經十二度四十分	相同
9	賽音諾顏右翼末旗		北緯四十五度十分西經十五度四十分	相同
10	賽音諾顏右翼前旗		北緯四十七度三十分西經十三度二十分	相同

序號	部旗名	駐地《皇朝續文獻通攷》	經緯度《皇朝續文獻通攷》	經緯度《清史稿》志五十三
11	賽音諾顏中路中後旗	尼魯班禪喇嘛牧地	北緯四十六度四十分西經十七度四十分	相同
12	賽音諾顏左翼左旗	青蘇朱克圖喇嘛牧地	北緯四十七度十分西經十六度二十分	相同
13	賽音諾顏左翼中旗		北緯四十八度五十分西經十三度	相同
14	賽音諾顏左翼右旗	圖格里克站	北緯四十二度四十分西經十一度五分	相同
15	賽音諾顏左翼左末旗		北緯四十七度五十分西經十二度五十分	相同
16	賽音諾顏右翼中末旗	青素珠克圖諾們罕游牧	北緯四十四度三十分西經十五度四十分	牧地拜塔里克河東支至是瀦於察罕諾爾，其西支在青素珠克圖諾們罕游牧諾爾，當西十度，北極出地四十五度七分，庫倫伯勒齊爾地南界，形如瓜，周百里，東西長，諾爾東有呼里圖克白爾池，廣十餘里。又東爲西彌河源。又東爲一小河，又東爲繃察罕諾爾。
17	賽音諾顏右翼左末旗		北緯四十五度二十分西經十三度二十分	相同
18	賽音諾顏中路右末旗		北緯四十八度十分西經十五度五十分	隔山西即桑錦達賚泊，西十六度九分，北極出地四十九度。
19	賽音諾顏右翼中右旗		北緯四十五度五十分。西經十三度二十分。元代舊都和林城在本旗境內。	牧地當濟爾瑪臺河源。濟爾瑪臺舊作硃勒馬臺，亦作硃爾馬臺，源出額黑鐵木兒山南麓，東南流，繞布庫鐵木兒山足三面，東北流，曲曲二百餘里，瀦爲池，曰察罕鄂模，廣數十里。經緯度相同

序號	部旗名	駐地《皇朝續文獻通攷》	經緯度《皇朝續文獻通攷》	經緯度《清史稿》志五十三
20	賽音諾顏右翼後旗		北緯四十八度三十分西經十三度四十分	相同
21	賽音諾顏中後末旗	哈綏河，一作哈瑞，元和林川也。	北緯四十七度四十分西經十四度	相同
22	中右翼末旗	青蘇朱克圖喇嘛游牧，札牙班第達游牧。	北緯四十六度十分西經十四度三十分	相同
	附額魯二旗			
	烏蘭烏蘇額魯特共二旗，乾隆二十六年始定牧於三音諾顏東南境之烏蘭烏蘇地方。			
23	額魯特部旗		北緯四十六度十分西經十二度十分	相同
24	額魯特前旗	札牙班第達喇嘛游牧	北緯四十六度五十分西經十二度三十分	相同
五	唐努烏梁海			北極五十五度四十分。京師偏西二十四度二十分
	所部凡四，分述如左。			
1	定邊左副將軍所屬之唐努烏梁海凡二十五佐領。	其二在德勒格爾河東岸。二在庫蘇古爾泊東北。四當貝克穆河折西流處。三當謨和爾阿拉河源。四當噶哈爾河源。其十在西北，跨阿爾泰河，阿穆哈河，今錯入俄羅斯境。		
2	札薩克圖汗所屬之唐努烏梁海凡五佐領。	其一在庫蘇古爾泊北。一在德勒格爾河西岸。		

序號	部旗名	駐地《皇朝續文獻通攷》	經緯度《皇朝續文獻通攷》	經緯度《清史稿》志五十三
		一北臨貝克穆河西及南臨華克穆河。 一在謨什克河西。 一當札庫爾河源。		
3	賽音諾顏所屬之唐努烏梁海凡十三佐領。	俱南依鄂爾噶罕山，西至科布多所屬阿爾泰淖爾烏梁海二旗，北至俄國托穆斯克省界。		
4	哲布尊丹巴呼圖克圖門徒所屬之唐努烏梁海凡三佐領。	在陶托泊上源騰吉斯河東岸，北界俄國伊爾次克省。		
六	賀蘭山額魯特，一稱阿拉善			
1	掌旗一，阿拉善額魯特		北緯三十八度三十分 西經十二度	北極高三十八度至四十二度。 京師偏西十度至十八度。
七	額濟納舊土爾扈特			北極高四十一度。 京師偏西十七度。
1	一旗，額濟納舊土爾扈特 科布多所屬額魯特蒙古 所轄凡七部，分述如左		北緯四十一度 西經十七度	相同
八	杜爾伯特部十六旗			北極高四十九度十分至二十分。 京師偏西二十四度至二十七度二十分
1	杜爾伯特左〔註2〕翼十一旗，曰札薩克特固斯庫魯克達賴汗旗，中旗，中左旗，中前旗，中後旗，中上旗，中下旗，中前左旗，中前右旗，中後左旗，中後右旗。		北緯四十七度十分 西經二十七度二十分	左翼旗十一，特固斯庫魯克達賴汗旗，中旗，中左旗，中前旗，中後旗，中上旗，中下旗，中前左旗，中前右旗，中後左旗，中後右旗。 經緯度相同。

〔註2〕原文作右，今改正。

序號	部旗名	駐地《皇朝續文獻通攷》	經緯度《皇朝續文獻通攷》	經緯度《清史稿》志五十三
2	附輝特一旗曰下前旗		北緯四十九度十分西經二十七度二十分	附輝特旗二。下前旗在科布多河。經緯度相同
3	右〔註3〕翼旗三，前旗，前右旗，中右旗。		北緯四十九度二十分西經二十四度	右翼旗三，前旗，前右旗，中右旗。經緯度相同
4	附輝特一旗曰下後旗		北緯四十九度二十分西經二十四度	附輝特旗二。下後旗俱在烏布薩泊南，杜東輝西。經緯度相同
九	新土爾扈特部			北極高四十六度。京師偏西二十七度二十分
1 2	一部，二旗，曰新左旗，曰新右旗。自爲一盟，曰青色特啓勒圖。隸科布多大臣兼轄。光緒三十二年，劃隸阿勒泰辦事大臣。		北緯四十六度西經二十七度二十分	相同
十	新和碩特			
1	一旗，不設盟。		北緯四十七度西經二十七度	北極高四十七度。京師偏西二十七度
十一	札哈沁			
1	一旗		北緯四十六度五十分西經二十六度十分	乾隆十九年，大軍獲之。其隨來之札哈沁，即令統轄。四十年，設一旗。嘉慶五年，增設一旗。隸科布多大臣。北極高四十六度五十分。京師偏西二十六度十分。
十二	明阿特			
1	一旗		北緯四十八度五十分西經二十六度二十分	北極高四十八度五十分。京師偏西二十六度二十分。

〔註3〕原文作左，今改正。

序號	部旗名	駐地《皇朝續文獻通攷》	經緯度《皇朝續文獻通攷》	經緯度《清史稿》志五十三
十三	額魯特			
1	一旗		北緯四十八度五十分 西經二十七度三十分	極高四十八度五十分。 京師偏西二十七度三十分。
十四	阿勒泰烏梁海部			
	七旗		北緯四十九度二十分 西經二十九度十分	曰左翼副都統旗，散秩大臣旗各一，總管旗二；右翼散秩大臣旗一，總管旗二。 北極高四十九度二十分。 京師偏西二十九度十分。
十五	阿勒泰諾爾烏梁海部二旗			
	謹案，科布多所屬舊有阿爾泰諾爾烏梁海部二旗，在賽留格木嶺及薩顏嶺之西，其地有喀屯，阿爾泰等河，亨吉，阿爾泰等泊，其人屬烏梁海種，而牧於阿爾泰泊之西南，故加以阿爾泰諾爾之號，今屬於俄，定邊左副將軍所屬烏梁海舊凡二十五佐領今祗十五佐領者，尚有阿穆哈河邊之十佐領亦已屬於俄矣。			北極高五十三度。 京師偏西二十五度四十分。
	附伊犁將軍所轄之額魯特			
	臣謹案伊犁額魯特受伊犁將軍節制，凡二盟，曰烏訥恩素珠克圖四部十旗，曰巴啓色特啓勒圖盟一部三旗，今新疆改設行省，其部落自在，分述如左。			

序號	部旗名	駐地《皇朝續文獻通攷》	經緯度《皇朝續文獻通攷》	經緯度《清史稿》志五十三
十六	南路舊土爾扈特部			
1 2 3 4	凡四旗,曰汗旗,中旗,右旗,左旗,盟所在烏訥恩素珠克圖。		北緯四十三度 西經三十度	在喀喇沙爾城北,當天山之南,珠勒都斯。牧地有珠勒都斯河,東逾天山,至博爾圖嶺,南至扣克納克嶺,西至天山,北至喀倫。 北極高四十二度五十分。 京師偏西三十度四十分。
十七	中路和碩特部,附牧珠勒都司			
1 2 3	三旗,附牧珠勒都斯,曰中路中旗,中路右旗,中路左旗,盟所在巴啓色勒啓勒圖。		北緯四十三度十分 西經三十一度二十分	牧地在南路舊土爾扈特部之西。東至烏沙克塔爾,南至開都河,西至小珠勒都斯,北至察汗通格山。 北極高四十二度五十分。 京師偏西三十一度十分。 小珠勒都斯河出自阿勒泰陰克遜之北源處,極四十三度十分,西三十一度三十分,即和碩特牧地也。
十八	北路舊土爾扈特部			
1 2 3	三旗曰北路旗,右旗,左旗	霍碩克薩里,所部盟於烏訥恩素珠克圖。	北緯四十六度至四十七度半 西經二十九度至三十一度	在塔爾巴哈臺城東,牧地東至噶札爾巴什諾爾,西至察漢鄂博,南至戈壁,北至額爾齊斯河。 北極高四十六度三十分。 京師偏西二十九度十分
十九	東路舊土爾扈特部			

序號	部旗名	駐地《皇朝續文獻通攷》	經緯度《皇朝續文獻通攷》	經緯度《清史稿》志五十三
1 2	二旗,日左旗,右旗,盟於烏訥恩素珠克圖。		北緯四十四度二十分 西經三十二度十分	在庫爾喀喇烏蘇城西南,當天山之北,濟爾噶朗。 北極高四十四度二十分。 京師偏西三十一度二十分。
二十	西路舊土爾扈特部			
1	一旗日西路旗,自爲一盟,日烏訥恩素珠克圖。		北緯四十四度三十分 西經三十四度十五分	在伊犁城東,當天山之北,晶河東岸。牧地東至精河屯田,南至哈什山陰,西至讬霍木圖臺,北至喀喇塔拉額西柯諾爾。 北極高四十四度四十分。 京師偏西三十二度五十分。

青海蒙古《皇朝續文獻通攷》

《皇朝續文獻通攷》卷三百二十九輿地攷二十五青海。

自雍正初平定羅布藏丹津之亂，三年編游牧蒙古爲五部二十九旗，附察漢諾們罕一旗，不設盟長，統於西寧辦事大臣，九年新撫南稱巴彥等番民七十九族，十年由四川西藏西寧派員會勘，以青海南部之四十族歸西寧統轄，凡掌部五，旗二十九，番族四十。另青海有達賴及班禪商上堪布喇嘛牧場二處，青海管轄之番族四十《皇朝續文獻通攷》全錄自《衛藏通志》，本書另有專攷，不復列。再，青海蒙古之牧地自乾嘉以來爲藏族部落之爭競，牧地遷徙變化者劇。

序號	部　旗　名	駐　　地	經　緯　度
一	青海和碩特部		
	旗二十一		
1	和碩特部西前旗	班禪商上堪布喇嘛牧場	北緯三十六度四十分。西經十八度十分。
2	和碩特部前頭旗		北緯三十四度四十分。西經十五度十分。
3	和碩特部前左翼頭旗		北緯三十七度四十分。西經十六度三十分。
4	和碩特部西後旗		北緯三十六度十分。西經十七度
5	和碩特部北右翼旗		北緯三十七度二十分。西經十六度二十分。
6	和碩特部北左翼旗		北緯三十七度四十分。西經二十度四十分。
7	和碩特部南左翼後旗		北緯三十六度四十分。西經十七度十分。
8	和碩特部北前旗		北緯三十七度。西經十七度十分。
9	和碩特部南右翼後旗	境內有世宗御製碑文	北緯三十七度。西經十五度四十分。
10	和碩特部西右翼中旗		北緯三十六度二十分。西經二十度三十分。

序號	部 旗 名	駐 地	經 緯 度
11	和碩特部西右翼前旗		北緯三十八度十分。 西經十六度二十分。
12	和碩特部南右翼中旗	察罕諾們罕〔註4〕喇嘛牧地。	北緯三十五度三十分。 西經十五度三十分。
13	和碩特部南左翼中旗		北緯三十五度。 西經十六度二十分。
14	和碩特部北左末旗		北緯三十六度五十分。 西經十八度。
15	和碩特部北右末旗		北緯三十七度十分。 西經十八度十五分。
16	和碩特部東上旗		北緯三十七度二十分。 西經十五度五十分。
17	和碩特部南左翼次旗	達賴商上喇嘛牧地。	北緯三十六度。 西經十六度三十分。
18	和碩特部南左翼末旗		北緯三十七度十分。 西經十五度二十分。
19	和碩特部南右翼末旗	錫尼諾爾，龍羊峽，黃河舒爾古勒渡口，察罕諾們喇嘛牧地。達賴商上喇嘛牧地。	北緯三十六度十分。 西經十六度。
20	和碩特部西右翼後旗		北緯三十六度二十分。 西經二十七度十分。
21	和碩特部西左翼後旗	班禪堪布喇嘛牧地。	北緯三十六度二十分。 西經十九度四十分。
二	**青海綽羅斯部**		
	旗二		
22	綽羅斯南右翼頭旗	巴彥諾爾，窩爾登諾爾	北緯三十六四十分。 西經五十分五十分。
23	綽羅斯北中旗		北緯三十七度十分。 西經十七度十分。
三	**青海土爾扈特部**		
	旗四		
24	土爾扈特南中旗	黃河恰克爾河口，登努爾特山	北緯三十五度三十分。 西經十六度三十分。

〔註4〕罕字爲輯者補。

序號	部　旗　名	駐　　地	經　緯　度
25	土爾扈特西旗	都勒泊	北緯三十五度二十分。西經十七度十分。
26	土爾扈特南前旗		北緯三十四度四十分。西經十六度十分。
27	土爾扈特南後旗		北緯三十五度五十分。西經十七度。
四	青海輝特部		
	一旗		
28	輝特南旗		北緯三十六度二十分。西經十五度四十分。
五	青海喀爾喀部		
	一旗		
29	喀爾喀南右旗		北緯三十六度四十分。西經十六度四十分。
六	附察漢諾們罕		
	一旗		
30	附察漢諾們罕一旗		北緯三十六度。西京十五度五十分。

另青海三喇嘛游牧地如下。

序號	旗或部落名	駐　地　攷
1	察漢諾們罕旗	察漢諾們罕為青海尖札德千寺寺主拉莫活佛，故該旗旗址應定於該寺。
2	達賴商上喇嘛牧地	在錫拉鹽海子察汗托羅亥，青海和碩特西後旗可貝勒牧地之東，與希拉珠爾格西山木魯，青海和碩特南右翼末旗足立蓋札薩牧地之西中間一帶。
3	達賴商上喇嘛牧地	在今青海省都蘭縣香日德，香加一帶。

青海蒙古《青海事宜節略》

頁七十六至頁八十三。

八，青海蒙古

青海蒙古姓氏

一，厄魯忒（又謂之霍碩特）

一，圖爾古忒

一，喀爾喀

一，準噶爾（又謂之綽羅斯）

一，灰特

各旗駐牧地

黃河南住駐〔註5〕牧各札薩克

郡王達什仲鼐住哈流圖等地方，由貴德行走，離寧約計六百餘里。佐領十一個，係霍碩特。（左翼前首旗，俗稱河南親王，清嘉慶十二年襲。）

台吉汪札爾多爾吉車布騰住苦庫烏素等地方，由貴德行走，離寧約計八百餘里，佐領五個，係霍碩特。（南左翼中旗，俗稱達參札薩，為一等台吉，嘉慶十三年襲。）

台吉瑪吉格策令住古錄半別奇爾等地方，由貴德行走，約計離寧一千餘里，佐領一個，係圖爾扈特（右翼南前旗，俗稱妥日和札薩，為一等台吉，嘉慶七年襲。）

台吉貢布多爾吉住尙那克等地方，由貴德行走，約計離寧一千六百餘里。佐領七個半，係霍碩特。（南左翼中旗，乾隆五十六年襲，俗稱拉加札薩，為一等台吉）

海西住牧各札薩克

郡王車靈端多普住田慶哈達等地方，由丹噶爾行走，約計離寧一千餘里，佐領八個半，係霍碩特。（俗稱青海王，嘉慶十三年襲，左翼西前旗。）

公格勒克拉布吉住懷托洛亥等地方，由丹噶爾行走，約計離寧八百餘里。佐領二個，係霍碩特。（俗稱布哈公，為輔國公，嘉慶元年襲。）

〔註5〕原文作主，今改正。

　　台吉多爾吉住差古等地方，由丹噶爾行走，約計離寧九百餘里。佐領五個，係霍碩特。（左翼北左末旗，俗稱鹽池札薩，爲一等台吉，乾隆五十八年襲。）

　　台吉貢布札布住哈里翰，苦爾魯克等地方，由丹噶爾行走，約計離寧一千二百餘里。佐領四個，係霍碩特。（左翼北右旗，乾隆五十四年襲，俗稱可魯札薩，爲一等台吉。）

　　貝子格勒克納木札爾住苦爾魯克等地方，由丹噶爾行走，約計離寧一千六百餘里。佐領二個半，係霍碩特。（左翼北右旗，俗稱可魯克貝子，爲一等台吉，嘉慶十六年襲。）

　　台吉多爾吉汪吉爾住公格勒克拉布吉游牧界內懷托洛亥等地方，由丹噶爾行走，約計離寧八百餘里，佐領二個個，係圖爾扈特。（右翼南中旗，俗稱永安札薩，爲一等台吉，乾隆五十四年襲。）

海北住牧各札薩克

　　公拉特納希第住台吉望書克游牧界內等地方，由丹噶爾行走，約計離寧二百餘里，佐領二個，係霍碩特。（南左後旗，嘉慶十五年襲，俗稱托茂公，爲輔國公。）

　　台吉吉克吉加布住貝子車爾特恩多爾濟游牧界內窩隆諾爾等地方，由丹噶爾行走，約計離寧二百五十餘里，佐領半個，係喀爾喀。（南左旗，俗稱哈裏哈札薩，雍正三年襲。）

　　台吉望舒克住博洛，群科等地方，由丹噶爾行走，約計離寧二百餘里。佐領三個半，係霍碩特。（右翼南左末旗，俗稱群科札薩，爲一等台吉，乾隆五十四年襲。）

　　台吉端多布住貝子車爾特恩多爾濟游牧界內窩隆諾爾等地方，由丹噶爾行走，約計離寧二百餘里，佐領半個，係霍碩特。（右翼東上旗，俗稱巴汗諾爾札薩，嘉慶十三年襲，爲一等台吉。）

　　貝子車特恩多爾濟住台吉望舒克游牧界內桑托洛亥等地方，由丹噶爾行走，約計離寧二百五是餘里。佐領五個半，係霍碩特。（俗稱宗貝子，乾隆四十八年襲。）

　　台吉索諾木明珠爾住烏蘭墨爾，多洛打坂等地方，由丹噶爾行走，約離寧四百八十餘里。佐領二個，係霍碩特。（西右前旗，俗稱默勒札薩，爲一等台吉，嘉慶十四年襲。）

郡王沙克都爾住烏蘭墨爾奪地方，由丹噶爾行走，約計離寧七百餘里。佐領九個半，係霍碩特。（右翼前左旗，俗稱默勒王，嘉慶十三年兼襲。）

貝子拉特納錫第住沙拉哈洛薩等地方，由丹噶爾行走，約計離寧八百餘里。佐領二個半，係綽洛斯。（右翼北中旗，俗稱水峽貝子，嘉慶十三年襲。）

台吉達瑪令策令住台吉望舒克游牧界內群科等地方，由丹噶爾行走，約計離寧二百餘里，佐領二個，係圖爾扈特。（左翼西旗，攷冊道光九年襲，但此記至嘉慶十七年，於十八年襲，俗稱托里合札薩，為一等台吉。）

台吉洛布藏吹達爾住貝子車爾特恩多爾濟游牧界內烏蘭和碩等地方，由丹噶爾行走，約計離寧五百餘里。佐領四個，係圖爾扈特。（左翼南後旗，嘉慶三年襲，俗稱角昂札薩，為一等台吉。）

台吉吉克墨特住台吉望舒克游牧界內群科等地方，由丹噶爾行走，約計離寧二百餘里，佐領五個半，係霍碩特。（右翼南末旗，嘉慶九年襲，俗稱居里蓋札薩，為一等台吉。）

海南住牧各札薩克

貝勒特禮巴勒珠爾住恭格等地方，由丹噶爾行走，約計離寧五百八十餘里，佐領五個半，係綽洛斯。（右翼南右首旗，乾隆五十三年襲，俗稱爾里克貝勒。）

貝勒札木巴勒多爾吉住沙勒窩博等地方，由丹噶爾行走，約計離寧六百餘里，佐領八個半，係霍碩特。（左翼西右旗，嘉慶十三年襲，俗稱柯柯貝勒。）

台吉恩開巴雅爾住柴達木巴彥托亥等地方，由丹噶爾行走，約計離寧一千六百餘里，佐領一個，係霍碩特。（西左後旗，嘉慶十三年襲，俗稱宗家札薩，為一等台吉。）

台吉格勒克拉布坦住柴述木希希等地方，由丹噶爾行走，約計離寧一千五百餘里。佐領一個，係霍碩特。（西右後旗，嘉慶十四年襲，俗稱巴隆札薩，為一等台吉。）

喇嘛查漢諾門罕住貝勒特禮巴勒珠爾游牧界內烏兔等地方，由丹噶爾行走。約計離寧三百餘里，佐領四個，係灰忒。（察漢諾們罕旗，俗稱白佛。）

台吉德沁住柴達木哈吉爾，迭布特爾等地方，由丹噶爾行走，約計離寧三千八百餘里，佐領一個，係霍碩特。（西右中旗，嘉慶十七年襲，俗稱乃爾札薩，為一等台吉。）

公林沁望書克住巴彥腦爾等地方，由丹噶爾行走，約計離寧三百餘里，

佐領一個，係灰忒。（右南旗，嘉慶二年襲，俗稱端達哈公，為輔國公。）

海東〔註6〕住牧各札薩克

公依希達爾吉住查漢托洛亥等地方，由丹噶爾行走，約計離寧二百四十餘里。佐領六個，係霍碩特。（左翼南右後旗，俗稱阿喀公，為輔國公。）

以上二十九旗札薩克等因被賈，循番族滋擾，有搬移別旗游牧者，亦有在本旗住牧者，共佐領一百一十四個半。

（三）青海（蒙古）各旗戶口

郡王達什仲鼐所屬蒙古五百三十戶，僧俗男婦大小一千七百四十三名口。

郡王沙克都爾所屬蒙古二百六十六戶，僧俗男婦大小二千三百七十四名口。

郡王車靈端多普所屬蒙古六百零三戶，僧俗男婦大小三千五百九十八名口。

貝勒札木巴勒多爾吉所屬蒙古六百三十三戶，僧俗男婦大小二千七百四十六名口。

貝勒特禮巴勒珠爾所屬蒙古四百四十六戶，僧俗男婦大小二千一百二十二名口。

貝子車爾特恩多爾濟所屬蒙古三百九十八戶，僧俗男婦大小一千七百三十九名口。

貝子格勒克拉布坦所屬蒙古一百九十八戶，僧俗男婦大小六百五十一名口。

貝子拉特納錫第所屬蒙古一百四十七戶，僧俗男婦大小六百一十三名口。

公拉特納錫第所屬蒙古四十一戶，僧俗男婦大小一百二十三名口。

公林沁望書克所屬蒙古五十三戶，僧俗男婦大小一百八十一名口。

公依希達爾吉所屬蒙古一百五十八戶，僧俗男婦大小五百九十三名口。

公格勒克拉布吉所屬蒙古八十九戶，僧俗男婦大小四百二十六名口。

台吉旺札爾多爾吉車布騰所屬蒙古二百四十五戶，僧俗男婦大小四百四十八名口。

台吉多爾吉旺吉爾所屬蒙古一百零二戶，僧俗男婦大小四百六十六名

〔註6〕原文作東海，今改正。

口。

台吉端多布所屬蒙古三十五戶，僧俗男婦大小一百八十九名口。

台吉多爾吉所屬蒙古二百四十戶，僧俗男婦大小九百八十一名口。

台吉貢布札布所屬蒙古一百零四戶，僧俗男婦大小四百二十名口。

台吉瑪吉格策令所屬蒙古六古六十三戶，僧俗男婦大小二百六十九名口。

台吉望舒克所屬蒙古二百零七戶，僧俗男婦大小一千零九十八名口。

台吉吉克吉加布所屬蒙古一十四戶，僧俗男婦大小五十七名口。

台吉達瑪令策令所屬蒙古五十六戶，僧俗男婦大小一百七十二名口。

台吉索諾木明珠爾所屬蒙古七十四戶，僧俗男婦大小一百四十名口。

台吉吉克默特所屬蒙古一百二十一戶，僧俗男婦大小八百八十一名口。

台吉恭布多爾吉所屬蒙古一百一十三戶，僧俗男婦大小三百五十八名口。

台吉恩開巴雅爾所屬蒙古一百九十四戶，僧俗男婦大小五百三十九名口。

台吉洛布藏吹達爾所屬蒙古二百七十三戶，僧俗男婦大小一千一百一十名口。

台吉敦住布納木札爾所屬蒙古一百七十三戶，僧俗男婦大小六百三十二名口。

台吉格勒克拉布坦所屬蒙古一百四十四戶，僧俗男婦大小五百四十一名口。

喇嘛查漢諾們罕所屬蒙古五百九十六戶，僧俗男婦大小三千七百二十五名口。

以上二十九旗札薩克各屬蒙古六千二百二十六戶，共僧俗男婦大小二萬八千九百三十五名口。（此係嘉慶十五年查造。）

蒙旗資料《理藩院則例》（乾隆朝內府抄本）

《理藩院則例》（乾隆朝內府抄本）頁一至頁八。

一旗制

　　初科爾沁二十四部落及歸化城土默特定爲四十九旗。康熙四十四年，喀喇沁增設一旗。雍正九年，鄂爾多斯增設一旗。科爾沁六旗，曰右翼旗，右翼前旗，右翼後旗，左翼旗，左翼前旗，左翼後旗。札賴特一旗屬科爾沁右翼。杜爾伯特一旗屬科爾沁右翼。郭爾羅斯二旗，曰前旗，後旗並屬科爾沁左翼。敖漢一旗。奈曼一旗。翁牛特二旗，曰右翼旗，左翼旗。巴林二旗，曰右翼旗，左翼旗。札魯特二旗，曰右翼旗，左翼旗。喀爾喀左翼一旗。阿祿科爾沁一旗。克西克騰一旗。土默特二旗，曰右翼旗，左翼旗。喀喇沁三旗，曰右翼旗，左翼旗，增設旗。烏朱穆秦二旗，曰右翼旗，左翼旗。阿霸垓二旗，曰右翼旗，左翼旗。蒿薺忒二旗，曰右翼旗，左翼旗。蘇尼特二旗，曰右翼旗，左翼旗。阿霸哈納爾二旗，曰右翼旗，左翼旗。四子部落一旗。喀爾喀右翼一旗。吳喇忒三旗，曰中旗，前旗，後旗。毛明安一旗。鄂爾多斯七旗，曰左翼中旗，左翼前旗，左翼後旗，右翼中旗，右翼前旗，右翼後旗，增設旗。歸化城土默特二旗，曰右翼旗，左翼旗。游牧察哈爾八旗隸在京蒙古都統。

序號	部　名	旗　名	駐　地	四　至
	內札薩克蒙古			
一	科爾沁部六旗			在喜峰口東北八百七十里，東西距八百七十里，南北距二千一百里。東至札賴特界，西至札魯特界，南至盛京邊牆界，北至索倫界，至京千二百八十里。
1		科爾沁右翼旗	駐紮巴燕和碩	
2		科爾沁右翼前旗	駐紮席喇布林哈蘇	
3		科爾沁右翼後旗	駐紮恩馬圖坡	
4		科爾沁左翼旗	駐紮伊克唐噶里克坡	

序號	部　名	旗　名	駐　地	四　至
5		科爾沁左翼前旗	駐紮伊克岳里泊	
6		科爾沁左翼後旗	駐紮雙和爾山	
二	札賴特部一旗			
7		札賴特旗	駐紮土伯新察漢坡	在喜峰口東北千六百里，東西距六十里，南北距四百里。東至杜爾伯特界，西與南均至郭爾羅斯界，北至索倫及杜爾伯特，科爾沁右翼後旗界，至京二千有十里。
三	杜爾伯特部一旗			
8		杜爾伯特旗	駐紮多爾克多爾坡	在喜峰口東北千六百四十里，東西距百七十里，南北距二百四十里。東至黑龍江界，西至札賴特界，南至郭爾羅斯界，北至索倫界，至京二千五十里。
四	郭爾羅斯部二旗			在喜峰口東北千四百八十七里，東西距四百五十里，南北距六百六十里。東至船廠船廠界，西至科爾沁界，南至盛京邊牆界，北至科爾沁界，至京千八百九十七里。
9		郭爾羅斯前旗	駐紮古爾班察漢	
10		郭爾羅斯後旗	駐紮榛子嶺	
五	敖漢部一旗			
11		敖漢旗	駐紮古爾班圖爾噶山	在喜峰口東北六百里，東西距百六十里，南北距二百八十里。東至奈曼界，西至喀喇沁界，南至土默特界，北至翁牛特界，至京千有十里。
六	奈曼部一旗			
12		奈曼旗	駐紮彰武臺	在喜峰口東北七百里，東西距九十五里，南北距二百二十里。東至喀爾喀左翼界，西至敖漢界，南至土默特界，北至翁牛特界，至京千一百十里。
七	翁牛特部二旗			在古北口東北五百二十里，東西距三百里，南北距百六十里。東至阿祿科爾沁阿祿科爾沁界，南至喀喇沁及敖漢界，西至熱河禁地界，北至巴林及克西克騰克西克騰界，至京七百三十里。

序號	部　名	旗　名	駐　地	四　至
13		翁牛特右翼旗	駐紮英席爾哈七特呼郎	
14		翁牛特左翼旗	駐紮札喇峰西	
八	巴林部二旗			東西距二百五十一里，南北距二百二十三里。東至阿祿科爾沁界，西至克西克騰界，南至翁牛特界，北至烏朱穆秦界，至京九百六十里。
15		巴林右翼旗	駐紮托缽山，在古北口東北七百二十里	
16		巴林左翼旗	駐紮阿察圖拖羅海，又東北六十里	
九	札魯特部二旗			在喜峰口東北千一百里，東西距百二十五里，南北距四百六十里。東至科爾沁界，南至科爾沁及喀爾喀左翼界，西至阿祿科爾沁界，北至烏朱穆秦界，至京千五百十里。
17		札魯特左翼旗	駐紮齊齊靈花拖羅海山北	
18		札魯特右翼旗	駐紮兔爾山南	
十	喀爾喀左翼部一旗			
19		喀爾喀左翼旗	駐紮察漢河朔墩	在喜峰口東北八百四十里，東西距百二十五里，南北距二百三十里。東至科爾沁界，西至奈曼界，南至土默特界，北至札魯特及翁牛特界，至京千二百十里。
十一	阿祿科爾沁部一旗			
19		阿祿科爾沁旗	駐紮渾圖山東	在古北口東北千一百里，東西距百三十里，南北距四百二十里。東至札魯特界，西至巴林及翁牛特界，南至喀爾喀左翼界，北至烏朱穆秦界，至京千三百四十里。
十二	克西克騰部一旗			
20		克西克騰旗	駐紮吉拉巴斯峰	在古北口東北五百七十里，東西距三百三十四里，南北距三百五十七里。東至翁牛特及巴林界，西至正藍旗游牧察哈爾及蒿齊忒界，南至翁牛特界，北至烏朱穆秦界，至京八百十里。

序號	部　名	旗　名	駐　地	四　　至
十三	土默特部二旗			在喜峰口東北五百九十里，東西距四百六十里，南北距三百十里。東至養什牧地界，西至喀喇沁右翼界，南至盛京邊牆界，北至喀爾喀左翼及敖漢界，至京千里。
21		土默特左翼旗	駐紮旱龍潭山	
22		土默特右翼旗	駐紮大華山	
十四	喀喇沁部二旗，又增設一旗			在喜峰口東北三百五十里，東西距五百里，南北距四百五十里。東至土默特及敖漢界，西至正藍旗王屯界，南至盛京邊牆界，北至翁牛特界，至京七百六十里。
23		喀喇沁右翼旗	駐紮席伯河北	
24		喀喇沁左翼旗	駐紮牛心山	
25		喀喇沁增設旗	在二旗界內	
十五	烏朱穆秦部二旗			在古北口東北九百二十三里，東西距三百六十里，南北距四百二十五里。東至索倫界，西至蒿齊忒界，南至巴林界，北至瀚海，至京千一百六十三里。
26		烏朱穆秦右翼旗	駐紮巴克蘇爾哈臺山	
27		烏朱穆秦左翼旗	駐紮魁蘇拖羅海	
十六	阿霸垓部二旗			在張家口東北五百九十里，東西距二百里，南北距三百十里。東至阿霸哈納爾界，西至蘇尼特界，南至正藍旗游牧察哈爾界，北至瀚海，至京千里。
28		阿霸垓右翼旗	駐紮科布林泉	
29		阿霸垓左翼旗	駐紮巴頭顏額隆	
十七	蒿齊忒部二旗			在獨石口東北六百八十五里，東西距百七十里，南北距三百七十五里。東與北，均至烏朱穆秦界，西至阿霸垓界，南至克西克騰界，至京千一百八十五里。
30		蒿齊忒右翼旗	駐紮特古力克呼都克井	
31		蒿齊忒左翼旗	駐紮呼默赫泉	

序號	部　名	旗　名	駐　地	四　至
十八	蘇尼特部二旗			在張家口北五百五十里。左翼，東西距百六十里，南北三百里。右翼，東西二百四十六里，南北二百八十里。東至阿霸垓右翼界，西至四子部落界，南至正藍旗游牧察哈爾界，北至瀚海，至京九百六十里。
32		蘇尼特右翼旗	駐紮薩敏西勒山	
33		蘇尼特左翼旗	駐紮俄林圖察伯臺岡	
十九	阿霸哈納爾部二旗			
34 35		阿霸哈納爾二旗		在張家口北六百四十里，東西距百八十里，南北距四百三十六里。東至萵齊忒界，西至阿霸垓右翼界，南至正藍旗游牧察哈爾界，北至瀚海，至京九百六十里。
二十	四子部落部一旗			
36		四子部落旗	駐紮烏蘭額爾吉坡	在張家口西北五百五十里，東西距二百三十五里，南北距二百四十里。東與北均至蘇尼特界，西至歸化城土默特及喀爾喀右翼界，南至鑲紅旗游牧察哈爾界，至京九百六十里。
二十一	喀爾喀右翼部一旗			
37		喀爾喀右翼旗	駐紮他魯渾河	在張家口西北七百十里，東西距百二十里，南北距百三十里。東至四子部落界，西至毛明安界，南至歸化城土默特界，北至瀚海，至京千一百三十里。
二十二	吳喇特部三旗			
38 39 40		吳喇特前旗 吳喇特中旗 吳喇特後旗	均駐紮鐵柱谷蒙古名哈達馬爾	在歸化城西三百六十里，東西距二百十有五里，南北距三百里。東至毛明安及歸化城土默特界，西至鄂爾多斯界，南至黃河及鄂爾多斯界，北至喀爾喀右翼界，至京千五百二十里。

序號	部　名	旗　名	駐　地	四　至
二十三	毛明安部一旗			
41		毛明安旗	駐紮東突泉	在張家口西北八百里，東西距百里，南北距百九十里。東至喀爾喀右翼界，西至吳喇忒界，南至歸化城土默特界，北至瀚海，至京千二百四十里。
二十四	鄂爾多斯部六旗，又增設一旗			在歸化城西二百八十五里，沿黃河套內。東至歸化城土默特界，西至喀爾喀右翼界，南至陝西長城界，北至吳喇特界，東西北三面皆距黃河，自山西俯頭關至陝西寧夏衛，延長二千餘里，至京千一百里。
42		鄂爾多斯左翼前旗	駐紮套內東南札拉谷，在河灘河朔西北四十五里	
43		鄂爾多斯左翼中旗	駐紮套內南近東敖錫喜峰，在札拉谷西百六十五里	
44		鄂爾多斯左翼後旗	駐紮套內東北巴爾哈遜湖，在黃河帽帶津西百四十里	
45		鄂爾多斯右翼前旗	駐紮套內巴哈池，在敖錫喜峰西九十〔註7〕里	
46		鄂爾多斯右翼中旗	駐紮套內正西近南錫喇布裏都池，在鄂爾吉虎泊西南二百六十里	
47		鄂爾多斯右翼後旗	駐紮套內西北鄂爾吉虎泊，在巴爾哈遜湖西百七十里	
48		鄂爾多斯增設旗	在游牧六旗界內	
二十五	歸化城土默特部二旗			

〔註7〕原文作千，今改正。

序號	部 名	旗 名	駐 地	四 至
49 50		歸化城土默特左旗 歸化城土默特右旗	均駐紮歸化城	在殺虎口北二百里，東西距四百有三里，南北距三百七十里。東至四子部落界，西至鄂爾多斯左翼前旗界，南至山西邊城及鑲藍旗游牧察哈爾界，北至喀爾喀右翼及毛明安界，至京千一百六十里。
	八旗游牧察哈爾			東至克西克騰界，西至歸化城土默特界，南至太僕寺左右翼鑲黃旗，正黃旗各牧場，及山西大同府，朔平府邊界，北至蘇尼特及四子部落界，袤延千有餘里。
1		察哈爾鑲黃旗	駐紮蘇門峰	在張家口北三百四十里，東西距百六十里，南北距百九十里，由張家口至京七百五十里。
2		察哈爾正黃旗	駐紮木孫忒克山	在張家口西北三百二十里，東西距百有十里，南北距二百八十里，由張家口至京七百三十里。
3		察哈爾正白旗	駐紮布林哈臺	在獨石口西北二百九十里，東西距七十八里，南北距二百九十五里，由獨石口至京八百二十里。
4		察哈爾正紅旗	駐紮古爾班拖羅海山	在張家口外西北三百七十里，東西距五十五里，南北距二百八十里，由張家口至京八百里。
5		察哈爾鑲白旗	駐紮布雅阿海蘇默	在獨石口北二百四十五里，東西距六十五里，南北距百九十七里，由獨石口至京七百七十里。
6		察哈爾鑲紅旗	駐紮布林泉	在張家口西北四百二十里，東西距五十里，南北距二百九十里，由張家口至京八百三十里。
7		察哈爾正藍旗	駐紮札哈蘇臺泊	在獨石口東北三百六十里，東西距二百六十五里，南北距九十五里，由獨石口至京八百九十里。
8		察哈爾鑲藍旗	駐札阿巴漢喇喀山	在殺虎口東北九十里，東西距百十有五里，南北距百六十里，由殺虎口至京千里。

蒙旗資料《欽定大清會典》（嘉慶）

《欽定大清會典》（嘉慶）卷四十九至卷五十三。

理藩院

尚書，滿洲一人；左侍郎，滿洲一人；右侍郎，滿洲一人；額外侍郎，蒙古一人額外侍郎，以蒙古貝勒，貝子之賢能者任之。掌外藩之政令，制其爵祿，定其朝會，正其刑罰。尚書，侍郎率其屬以定議，大事上之，小事則行，以布國之威德。

乃經其游牧之治。

大漠以南曰內蒙古，部二十有四，為旗四十有九。

科爾沁部六旗：曰左翼中旗，左翼前旗，左翼後旗，右翼中旗，右翼前旗，右翼後旗。

札賚特部一旗。

杜爾伯特部一旗。

郭爾羅斯部二旗：曰前旗，後旗。

敖漢部一旗。

奈曼部一旗。

巴林部二旗：曰左翼旗，右翼旗。

札魯特部二旗：曰左翼旗，右翼旗。

阿嚕科爾沁部一旗。

翁牛特部二旗：曰左翼旗，右翼旗。

克什克騰部一旗。

喀爾喀左翼部一旗。

喀喇沁部三旗：曰中旗，左翼旗，右翼旗。

土默特部二旗：曰左翼旗，右翼旗。

烏珠穆沁部二旗：曰左翼旗，右翼旗。

浩齊特部二旗：曰左翼旗，右翼旗。

蘇尼特部二旗：曰左翼旗，右翼旗。

阿巴噶部二旗：曰左翼旗，右翼旗。

阿巴哈那爾部二旗：曰左翼旗，右翼旗。

四子部落部一旗。

茂明安部一旗。

烏喇特部三旗：曰中旗，前旗，後旗。

喀爾喀右翼部一旗。

鄂爾多斯部七旗：曰左翼中旗，左翼前旗，左翼後旗，右翼中旗，右翼前旗，右翼後旗，右翼前末旗。

凡四十九旗。

東起杜爾伯特旗，當嫩江東岸，在齊齊哈爾城之東南，呼蘭城之西，札薩克所居，曰圖布森錫呼圖。

其南爲郭爾羅斯後旗，當混同江北岸，札薩克所居，曰榛子嶺。

杜爾伯特隔嫩江而西，爲札賚特旗，在齊齊哈爾城之西南，札薩克所居，曰圖布森察漢錫里。

札賚特之南爲郭爾羅斯前旗，當嫩江與松花江相合之西岸，在吉林伊通邊門外長春府之西，札薩克所居，曰固爾班篤洛噶。

札賚特之西爲科爾沁右翼後旗，跨陀喇河，札薩克所居，曰額木圖錫里。

其西爲科爾沁右翼前旗，當索岳爾濟山之南，陀喇河，歸喇里河於是合流，札薩克所居，曰翁袞山。

其西爲科爾沁右翼中旗，哈古勒河於是合阿魯坤都倫河流入於沙，札薩克所居，在巴彥和碩山之南，曰塔克禪。

由郭爾羅斯前旗之西南赫爾蘇邊門外昌圖廳，斜亙至科爾沁右翼之西爲科爾沁左翼中旗，跨東西二遼河，札薩克所居，在西遼河之北，曰唐哈里克。

其南爲科爾沁左翼後旗，當法庫邊門外，東西二遼河於是合流，札薩克所居，曰濟爾哈朗圖。

其西爲科爾沁左翼前旗，當法庫邊門外西北，養息牧場東，札薩克所居，曰鄂勒濟布里特。

科爾沁右翼之西爲札嚕特二旗同游牧，當哈古勒河，阿魯坤都倫河之源，達布蘇圖河於是流入於沙，左翼札薩克所居在奇勒巴爾哈爾罕山之南，右翼札薩克所居在布顏河之東。

其西爲阿嚕科爾沁旗，哈奇爾河，傲木倫河，綽諾河於是合流爲達布蘇

圖河,札薩克所居,曰托果木臺。

其西爲巴林二旗同游牧,當黃河之北岸,札薩克所居,在濟爾哈鈙圖河之北。

又西爲克什克騰旗,在圍場之北當潢〔註8〕河源,札薩克所居,曰空格爾河。

阿嚕科爾沁之南爲奈曼旗,當潢河,老河合流之南岸,札薩克所居,曰庫賴。

其東南爲喀爾喀左翼旗,當養息牧河源,札薩克所居,曰察漢和碩。

奈曼之西爲翁牛特左翼旗,介潢河,老河之間,札薩克所居,曰綽克溫都爾。

其南爲敖漢旗,跨老河,札薩克所居,曰溫克圖什勒格。

翁牛特左翼之西爲翁牛特右翼旗,在圍場之東北,當老河北岸,札薩克所居,曰庫里雅圖。

奈曼之南爲錫勒圖庫倫喇嘛游牧。

其西爲附於土默特左翼旗喀爾喀貝勒游牧。

錫勒圖庫倫之南爲土默特左翼旗,在養息牧場之西,札薩克所居,曰烏蘭陀羅海。

其西爲土默特右翼旗,當九關臺,新臺邊門之外,跨傲木倫河,札薩克所居,曰黑城子。

其西爲喀喇沁左翼旗,當傲木倫河源,札薩克所居,曰巴彥察漢山。

其西爲喀喇沁中旗,當老河源,札薩克所居,曰珠布格朗圖巴彥喀喇山。

喀喇沁左翼旗中旗之北爲喀喇沁右翼旗,在圍場東,跨老河,其北與翁牛特接,札薩克所居,在錫伯河之西。

科爾沁右翼中旗之西北爲烏珠穆沁左翼旗,當索岳爾濟山之西,有鄂爾虎河繞其游牧,匯於和里圖諾爾,南與札嚕特接,札薩克所居,在鄂爾虎河之側。

其西爲烏珠穆沁右翼旗游牧,內有英吉漢河流入於沙,有巴魯古爾河瀦於阿達克諾爾,南與巴林接,札薩克所居,曰巴彥鄂博圖。

其西爲浩齊特左翼旗,游牧內有大小吉里河,札薩克所居,在吉里河東岸,曰噶亥。

〔註8〕原文作黃,今日改正。

其西爲浩齊特右翼旗，錫林河至是流入於沙，札薩克所居，曰巴彥思克鄂勒虎陀落。

其西爲阿巴噶左翼，阿巴哈納爾左翼二旗同游牧，環錫林河，阿巴噶左翼札薩克所居，在錫林河西，曰塔林桑山；阿巴哈納爾左翼札薩克所居，曰阿爾噶靈圖山。

自浩齊特左翼至此，南皆與克什克騰接。自烏珠穆沁左翼至此，北皆與喀爾喀車臣汗部接。其西爲阿巴哈納爾右翼旗，有達里岡愛諾爾，魁老河，瑚郭蘇臺河瀦焉，札薩克所居，曰孟克烏達山。

其西爲阿巴噶右翼旗，有庫爾察漢諾爾，固爾班烏斯克河瀦焉，札薩克所居，曰孟古勒陀羅海。

其西爲蘇尼特左翼旗，有固爾班烏斯克河，札薩克所居，曰察漢諾爾巴彥諾爾。

自阿巴哈納爾至此，北皆與達里岡愛牧場接。其西爲蘇尼特右翼旗，札薩克所居，曰阿勒塔圖。

其西爲四子部落旗，有錫喇察漢諾爾，錫喇木倫河瀦焉，札薩克所居，曰鄂勒哲滿達賴。

自阿巴哈納爾右翼旗至此，南皆與察哈爾游牧接。

其北爲喀爾喀右翼旗，有愛布哈河，塔布渾河合流瀦於阿勒坦托輝諾爾，札薩克所居，曰巴彥鄂博河。

其西爲茂明安旗，當愛布哈河源，札薩克所居，曰巴彥察漢鄂博。

自阿巴哈納爾至此，北皆與喀爾喀土謝圖汗部接。四子部落西茂明安南，皆與歸化城土默特接。

其西爲烏喇特三旗同游牧，當河套之北岸，在噶札爾山之南，三札薩克同居，曰哈達瑪爾。

其南爲鄂爾多斯七旗，在河套內，東西北三面距黃河，南接陝西邊，西南接甘肅邊。其七旗游牧，東南爲左翼前旗，札薩克所居，曰札拉谷。東北爲左翼後旗，札薩克所居，曰巴爾哈遜。正中近東爲左翼中旗，札薩克所居，曰鄂錫喜。西南爲右翼前旗，札薩克所居，曰巴哈諾爾。西北爲右翼後旗，札薩克所居，曰鄂爾吉虎諾爾。正西近南爲右翼中旗，札薩克所居，曰錫喇布里多諾爾。依右翼前旗爲右翼前末旗。

逾大漠曰外蒙古，喀爾喀部四，附以二，為旗八十有六。

土謝圖汗部二十旗：曰土謝圖汗旗，中旗，中左旗，中右旗，中次旗，中右末旗，中左翼末旗，左翼中旗，左翼中左旗，左翼前旗，左翼後旗，左翼末旗，左翼左中末旗，左翼右末旗，右翼左旗，右翼右旗，右翼左後旗，右翼左末旗，右翼右末旗，右翼右末次旗。

三音諾顏部二十二旗：曰三音諾顏旗，中左旗，中右旗，中前旗，中後旗，中末旗，中左末旗，中後末旗，中右翼末旗，左翼中旗，左翼左旗，左翼右旗，左翼左末旗，右翼中左旗，右異中右旗，右翼中末旗，右翼前旗，右翼後旗，右翼末旗，右翼左末旗，右翼右後旗，右末旗。

車臣汗部二十三旗：曰車臣汗旗，中左旗，中右旗，中前旗，中後旗，中末旗，中左前旗，中右後旗，中末右旗，中末次旗，左翼中旗，左翼左旗，左翼右旗，左翼前旗，左翼後旗，左翼後末旗，右翼中旗，右翼中左旗，右翼中右旗，右翼中前旗，右翼左旗，右翼前旗，右翼後旗。

札薩克圖汗部十八旗：曰札薩克圖汗兼管右翼左旗，中左翼左旗，中左翼右旗，中左翼末旗，中右翼左旗，中右翼末旗，中右翼末次旗，左翼中旗，左翼左旗，左翼右旗，左翼前旗，左翼後旗，左翼後末旗，右翼右旗，右翼前旗，右翼後旗，右翼右末旗，右翼後末旗。額魯特部二旗：曰額魯特旗，額魯特前旗，附於三音諾顏部。輝特部一旗，附於札薩克圖汗部。

凡八十六旗。

東起車臣汗部左翼前旗，當索岳爾濟山北，依喀爾喀河，東與黑龍江索倫巴爾呼接，西與內札薩克烏珠穆沁左翼旗接。

其北為車臣汗部中右旗，喀爾喀河於是瀦於貝爾諾爾，東與北皆與黑龍江索倫巴爾呼接。

其西為車臣汗部左翼後末旗。

左翼後末旗之南為車臣汗部右翼後旗，東與內札薩克烏珠穆沁左翼旗接，南與內札薩克烏珠穆沁右翼旗，浩齊特左翼旗，右翼旗，阿巴噶，阿巴哈納爾左翼旗接，西與達里岡愛牧場接。

左翼後末旗之北為車臣汗部中前旗，跨喀魯倫河，東與索倫巴爾呼接，北至卡倫，與俄羅斯為界。

其西為車臣汗部中左前旗。

其西為車臣汗部左翼左旗，皆跨喀魯倫河，北至卡倫，與俄羅斯為界。

左翼後末旗之西爲車臣汗部左翼後旗，南與達里岡愛牧場接。

左翼左旗，左翼後旗之西爲車臣汗部中左旗。

中左旗之北爲車臣汗部左翼中旗，在科勒蘇河之東，跨喀魯倫河，北至卡倫，與俄羅斯爲界。

其西爲車臣汗部左翼右旗，中末次旗，左翼右旗，跨喀魯倫河，中末次旗在其北。

左翼右旗之西爲車臣汗部右翼左旗。其西爲車臣汗旗，皆跨喀魯倫河。

車臣汗旗之北爲車臣汗部右翼前旗，右翼中左旗。

右翼中左旗在右翼前旗之南。

中末次旗，車臣汗旗，右翼前旗之北爲車臣汗部中後旗，跨敖嫩河。

車臣汗旗，右翼中左旗之西爲車臣汗部右翼中前旗，當喀魯倫河曲處，有拖陵山，聖祖仁皇帝親征噶爾丹，於是勒銘焉。

其北爲車臣汗部中右後旗，在肯特山之東，當喀魯倫，敖嫩二河源，北與土謝圖汗部右翼左末旗接。

左翼後旗，中左旗之西爲車臣汗部中末右旗，北與左翼右旗，右翼左旗，車臣汗旗接，東南與達里岡愛牧場接，南與土謝圖汗部左翼中旗接。

中末右旗之西爲車臣汗部中末旗，南與土謝圖汗部左翼中旗接。

中末旗，右翼中前旗之西爲車臣汗部右翼中右旗。

中末旗，右翼中右旗之西爲車臣汗部右翼中旗，北與土謝圖汗部中旗接，西與土謝圖汗部左翼右末旗接，西南與土謝圖汗部左翼末旗接。

其南爲土謝圖汗部左翼中旗，當阿勒泰軍臺之所經，東南與達里岡愛牧場接，南與內札薩克蘇尼特左翼旗，右翼旗，四子部落旗接。其游牧近東南圈出一小游牧爲土謝圖汗部中次旗。

其北爲土謝圖汗部左翼末旗，左翼中左旗，左翼末旗當阿勒泰軍臺之東，左翼中左旗當阿勒泰軍臺之西。

左翼末旗之北，爲土謝圖汗部左翼右末旗，當阿勒泰軍臺之東，達庫倫之驛於是分道。

其北爲土謝圖汗部中旗，中右末旗，中右旗，左翼左中末旗。中旗在肯特山之西南，汗山恃其境。當土拉河源，汗山之北，是爲庫倫。

土拉河之東，喀魯倫河之西，有東庫倫，其地曰昭莫多。

中右末旗在中旗之西，跨土拉河。

中右旗又在中右末旗之西，當土拉河曲處。

左翼左中末旗又在中右旗之西，當喀魯哈河源。

中右旗之西北，爲土謝圖汗部中左旗。

中左旗，左翼左中末旗之西爲土謝圖汗旗。在杭愛山之東，跨鄂爾坤，喀魯哈二河，有西庫倫。

中旗之北爲土謝圖汗部右翼左末旗，右翼右末旗，右翼左末旗包右翼右末旗之東北，右翼左末旗有溫泉，伊遜河，哈拉河，右翼右末旗當哈拉河源。

右翼左末旗之北爲土謝圖汗部中左翼末旗，右翼右末次旗，中左翼末旗當鄂爾坤河，色楞格河合流，北至卡倫，與俄羅斯爲界。自庫倫有驛經右翼右末旗，右翼左末旗，至是達於恰克圖，爲通俄羅斯互市之道。

右翼右末次旗在其西，跨鄂爾坤河，色楞格河。

其西爲土謝圖汗部右翼左旗，跨色楞格河，土拉河於是合於鄂爾坤河。自右翼右末次旗至是皆北至卡倫，與俄羅斯爲界。其西爲土謝圖汗旗下古羅格沁人游牧，其西與三音諾顏部中末旗接。

右翼左旗之南爲土謝圖汗部右翼左後旗，左翼前旗，右翼左後旗當土拉河，喀魯哈河合流，南與中右旗接，左翼前旗跨喀魯哈河，南與中左旗，土謝圖汗旗接，西與三音諾部左翼中旗，額魯特前旗接。

土謝圖汗旗之西南爲土謝圖汗部右翼右旗，南與三音諾顏部右翼中左旗接。

左翼中旗之西爲土謝圖汗部左翼後旗，當阿勒泰軍臺之所經，翁金河至是瀦於胡爾哈鄂挖諾爾，其游牧自東北斜亙至於西南，南與內札薩克喀爾喀右翼旗，烏喇特三旗接，西北與三音諾顏部中前旗，右翼左末旗，右翼中左旗接，西與三音諾顏部左翼右旗接。

土謝圖汗旗及右翼右旗之西爲三音諾顏部額魯特旗，跨濟爾瑪臺河，鄂爾坤河。

其北爲三音諾顏部額魯特前旗，當泰咪爾河北岸。

額魯特前旗之西爲三音諾顏部左翼左末旗，跨泰咪爾河，胡努伊河。

其北爲三音諾顏部右翼前旗，朗努伊河至是合於哈綏河。

其北爲三音諾顏部左翼中旗，跨哈綏河。

其北爲三音諾顏部中末旗，哈綏河至是合於色楞格河，東北至卡倫，與俄羅斯爲界。

額魯特旗之西爲三音諾顏部中前旗，跨濟爾瑪臺河，鄂爾坤河，翁金河。

中前旗之西爲三音諾顏部右翼左末旗。其西爲三音諾顏部右翼中左旗，皆跨翁金河。

其西爲三音諾顏旗，當鄂爾坤河源，有塔楚河出其游牧流入於沙。

其西爲額爾德尼班第達呼圖克圖游牧，推河至是瀦於鄂羅克諾爾。

其西爲三音諾顏部中右旗，當推河源。

其西爲三音諾顏部右翼中末旗，拜塔里克河之東支至是瀦於察漢諾爾。

其西爲三音諾顏部右翼末旗，墨特河至是合於拜塔里克河，拜塔里克河復分爲東西二支。

其西爲青蘇珠克田諾們罕游牧，有察漢齊齊爾里克河，拜塔里克河之西支至是瀦於繃察漢諾爾。

其西爲三音諾顏部右翼右後旗，當拜塔里克河源，西與札薩克圖汗部右翼右旗，左翼後旗接。

右翼右後旗之西北爲三音諾顏部左翼左旗，當札布噶河源。

其西北爲三音諾顏部中後旗，有布林噶蘇臺河合於札布噶河，其西北爲烏里雅蘇臺軍營城。自中前旗迤邐而西北，歷右翼左末旗，右翼中左旗，三音諾顏旗，額爾德尼班第達呼圖克圖游牧，中右旗，右翼中末旗，右翼末旗，青蘇珠克田諾們罕游牧，右翼右後旗，右翼左旗，中後旗，皆阿勒泰軍臺之所經。

三音諾顏旗之北爲三音諾顏部右翼中右旗，中右翼末旗，右翼中右旗在中右翼末旗之東，當濟爾瑪臺河源，中右翼末旗當泰咪爾河南岸。

三音諾顏旗之南爲三音諾顏部左翼右旗，南與內札薩克烏喇特三旗接，西爲大戈壁。

中後旗之西南爲那魯班禪呼圖克圖游牧，跨札布噶河，西與札薩克圖汗部左翼中旗，右翼後旗接。

左翼左末旗，右翼前旗之西南爲札牙班第達呼圖克圖游牧，跨泰咪爾河，哈綏河南與右翼中右旗，中右翼末旗接。

其西爲三音諾顏部中左末旗，當泰咪爾，哈綏，齊老圖三河源。

左翼中旗之西爲三音諾顏部右翼後旗，當哈綏河北岸，色楞格河南岸，北與札薩克圖汗部中左翼後旗接。

其西爲三音諾顏部中後末旗，跨齊老圖河。

其西為三音諾顏部中左旗，有特爾克河，伊第爾河合於齊老圖河，為色楞格河，北與札薩克圖汗部中左翼右旗接。

其西為三音諾顏部右末旗，當伊第爾河源，北與札薩克圖汗部中右翼末次旗接。

中末旗之北為札薩克圖汗部中左翼末旗，當德勒格爾河東岸。

其西為札薩克圖汗部右翼右末旗，當德勒格爾河西岸，桑錦達賴之東。

其西南為札薩克圖汗部中左翼右旗，在桑錦達賴之南。

其北為札薩克圖汗部中左翼左旗，在桑錦達賴之北，當特斯河源，北與唐努烏梁海旗接。

其西為札薩克圖汗部左翼前旗，左翼後末旗同游牧，在奇勒稽思諾爾之東。

其南為札薩克圖汗部左翼左旗，在奇勒稽思諾爾，愛拉克諾爾之南，跨空歸河，西北與科布多所屬杜爾伯特左翼旗接。

其南為札薩克圖汗部中右翼末次旗，有特們諾爾，委袞諾爾。中右翼末次旗，左翼左旗南皆與烏里雅蘇臺軍營城接。

左翼左旗之西為札薩克圖汗部左翼右旗，在都爾根諾爾之南，北與科布多所屬札哈沁旗接。

其西為札薩克圖汗部中右翼左旗，西北皆與科布多所屬札哈沁旗接。

烏里雅蘇臺軍營城之西為札薩克圖汗部左翼中旗，右翼後旗同游牧，當札布噶河西岸。

其南為札薩克圖汗旗，有柏格爾諾爾。

其西為札薩克圖汗部右翼前旗。

札薩克圖汗旗之南為札薩克圖汗部右翼右旗。

右翼前旗之南為札薩克圖汗部左翼後旗。

札薩克圖汗旗東北為札薩克圖汗部輝特旗，當濟爾哈河東岸。

其西北為札薩克圖汗部中右翼末旗，濟爾哈河至是瀦於察漢諾爾。

其西為札薩克圖汗部右翼後末旗，北與科布多所屬札哈沁旗接。自左翼後旗相連而西，歷右翼前旗，右翼後末旗，其西南皆大戈壁，逾戈壁與西套額魯特旗，額濟納土爾扈特旗，哈密，巴里坤接。

環青海而居者曰青海蒙古，部五，為旗二十有九。

青海和碩特部二十一旗：曰前頭旗，東上旗，西前旗，西後旗，北前旗，

北左末旗，北右末旗，前左翼頭旗，西左翼後旗，西右翼中旗，西右翼前旗，西右翼後旗，南左翼中旗，南左翼次旗，南左翼後旗，南左翼末旗，南右翼中旗，南右翼後旗，南右翼末旗，北左翼旗，北右翼旗。

青海綽囉斯部二旗：曰南右翼頭旗，北中旗。

青海輝特部一旗：曰南旗。

青海土爾扈特部四旗：曰南中旗，南前旗，南後旗，西旗。

青海喀爾喀部一旗：曰南右翼旗。

凡二十九旗。

東起和碩特南左翼末旗，當博羅沖克克河源，南與東與西寧邊外地接。

其西為和碩特東上旗，在青海東北岸。

其西為和碩特北右翼旗，在青海北岸。

其西為綽囉斯北中旗，在青海西北岸。

東上旗之南為和碩特南右翼後旗，在青海東岸，南與西寧邊外地接，有世宗憲皇帝聖製碑。

其西南為綽囉斯南右翼頭旗，在青海之東南岸。

其西為喀爾喀南右翼旗，在青海之南岸。

其西為和碩特南左翼後旗，在青海之西南岸。

其西北為和碩特北前旗，在青海之西岸，北逾布喀河與綽囉斯北中旗接。

北前旗之西為和碩特北左末旗，其西為和碩特西前旗，皆在布喀河南岸。

東上旗之北為和碩特前左翼頭旗，在大通河南岸，其東北為和碩特西右翼前旗，在大通河北岸，前左翼頭旗，西右翼前旗北皆與涼州邊外地接，前左翼頭旗之西北與甘州邊外地接，西右翼前旗之東與西寧邊外地接。

西前旗之西南為班禪額爾德尼商上堪布牧場。

其西為和碩特西左翼後旗。

其西為和碩特西右翼後旗。

其西為和碩特西右翼中旗，自西左翼後旗至是皆跨柴達木河，南皆與西寧所屬土司境接。

西左翼後旗之北為和碩特北右末旗，在喀布河源沙爾諾爾之西。其西為和碩特北左翼旗，皆北與肅州邊外地接。

南右翼後旗之東南逾大道為輝特南旗，當巴彥諾爾之南。

其西為和碩特南右翼末旗。在黃河北岸，有西尼諾爾。

其西爲達賴喇嘛商上堪布牧場。其西爲和碩特南左翼次旗，有鹽池。

其西爲和碩特西後旗，跨柴集河，其水注於鹽池。

其南爲土爾扈特南中旗，南中旗之西爲土爾扈特南後旗，南後旗之南爲土爾扈特西旗，自土爾扈特南中旗至是皆在黃河西岸，南與西皆與西寧所屬土司境接。黃河以東東起和碩特南右翼中旗，當魯察布拉山之西，東與洮州所屬土司境接，北與循化廳所屬番子境接。

其西爲和碩特前頭旗，南當黃河之曲，有小哈柳圖河入於黃河。

其西爲土爾扈特南前旗，南依黃河，有大哈柳圖河入於黃河。

其北爲和碩特南左翼中旗，西依黃河，有恰克圖河入於黃河。

其北爲察漢諾們罕游牧，西依黃河，有碩爾渾河入於黃河。北皆與貴德廳所屬番子境接。逾黃河而西，皆與西寧所屬土司境接。

賀蘭山之陰曰西套額魯特。

西套額魯特係和碩特，亦曰阿拉善。

額濟納河之陽曰額濟納土爾扈特。

錯處於金山，天山之間曰杜爾伯特，土爾扈特，和碩特，凡部十，附以一，爲旗三十有四。

西套額魯特部一旗。

額濟納土爾扈特部一旗。

左翼杜爾伯特部十一旗：曰特固斯庫魯克達賴汗旗，中旗，中左旗，中前旗，中後旗，中上旗，中下旗，中前左旗，中前右旗，中後左旗，中後右旗。

右翼杜爾伯特部三旗：曰前旗，前右旗，中右旗。

輝特部二旗：曰下前旗，下後旗，下前旗附於左翼杜爾伯特部，下後旗附於右翼杜爾伯特部。

南路珠勒都斯土爾扈特部四旗：曰卓里克圖汗旗，中旗，左旗，右旗。

北路霍博克薩里土爾扈特部三旗：曰北路旗，左旗，右旗。

東路濟爾哈朗土爾扈特部二旗：曰左旗，右旗。

西路精土爾扈特部一旗：曰西路旗。

中路珠勒都斯和碩特部三旗：曰中旗，左旗，右旗。

烏隆古土爾扈特部二旗：曰左旗，右旗。

哈弼察克和碩特部一旗。

西套額魯特旗，當賀蘭山之西，其游牧迤邐而西，南與涼州，甘州邊外地接，北係大戈壁，逾戈壁與喀爾喀札薩克圖汗部接。

其西為額濟納土爾扈特旗，跨坤都倫河，南與肅州邊外地接，西與北皆大戈壁，逾戈壁而北與喀爾喀札薩克圖汗部接，逾戈壁面西與哈密接。

杜爾伯特左翼十一旗，右翼三旗，及輝特二旗同游牧，當金山之東，地曰烏蘭古木，東南與喀爾喀札薩克圖汗部接，東北與唐努烏梁海接，西北與阿勒泰諾爾烏梁海接，西與阿勒泰烏梁海接，南與科布多牧場及明阿特旗接。

珠勒都斯土爾扈特四旗同游牧，當天山之南，其西為珠勒都斯和碩特三旗同游牧，有珠勒都斯河繞兩部游牧，南與喀喇沙爾城回境接，東北逾大山與烏魯木齊接，西北逾大山與伊犁接。

霍博克薩里土爾扈特三旗同游牧，當金山之西南，西與塔爾巴哈臺所屬額魯特游牧接，南係戈壁，東與科布多所屬阿勒泰烏梁海旗接，北至卡倫，與哈薩克為界。

濟爾哈朗土爾扈特二旗同游牧，當天山之北，跨濟爾哈朗河，東與南皆與烏魯木齊接，北與塔爾巴哈臺所屬額魯特游牧接，西與庫爾喀喇烏蘇屯田接。

精土爾扈特旗，當天山之北，在精河東岸，東接精河屯田，南接伊犁圍場，西與伊犁所屬察哈爾游牧接，北為鹽海子。

烏隆古土爾扈特二旗同游牧，當金山之南，在烏隆古河之東，西與北皆與阿勒泰烏梁海接，南係戈壁，逾戈壁與古城接。

其東北為哈弼察克和碩特旗，當金山之南，在哈弼察克河之東，東與科布多所屬札哈沁游牧接，北與阿勒泰烏梁海接。

回部為旗二。

回部哈密一旗，吐魯番一旗，皆當天山之南。哈密回城在哈密城之西，吐魯番回城在吐魯番城之東，皆南接大戈壁。

旗各建其長曰札薩克，而治其事。

札薩克之眾曰阿爾巴圖，其治皆統於札薩克。無札薩克，則繫於將軍，若都統，若大臣，而轄之。

不設札薩克者，土默特轄於綏遠城將軍。察哈爾，及附察哈爾旗之巴爾呼，喀爾喀，額魯特，轄於察哈爾都統。達什達瓦之額魯特，轄於熱河都統。

呼倫貝爾之額魯特，新巴爾呼，轄於呼倫貝爾副都統，打牲之索倫，達呼爾，鄂倫春，畢拉爾，轄於打牲處總管，皆統於黑龍江將軍。伊犁之額魯特，察哈爾，轄於伊犁將軍。塔爾巴哈臺之額魯特，察哈爾，哈薩克，轄於塔爾巴哈臺參贊大臣。喀什噶爾，葉爾羌，阿克蘇，烏什，嘻喇沙爾，和闐各回子，分轄於各城參贊大臣，辦事大臣，領隊大臣，皆統於伊犁將軍。唐努烏梁海轄於定邊左副將軍。科布多之明阿特，額魯特，札哈沁，阿勒泰烏梁海，阿勒泰諾爾烏梁海，轄於科布多參贊大臣，統於定邊左副將軍。西藏達木蒙古，轄於駐藏大臣。土默特，與民人散處於歸化城，和林格爾，托克托城，清水河，薩拉齊五廳，倚大青山，東與四子部落旗接，北與茂明安旗接，西與烏喇特旗接。察哈爾左翼四旗，南與豐寧縣及張家口，獨石口二廳邊外地接，右翼四旗，南與豐鎮，寧遠二廳邊處地接，左翼之東與圍場接，右翼之西與歸化城接，北與阿巴哈納爾右翼旗，蘇尼特左翼旗，右翼旗，四子部落旗接。呼倫貝爾之額魯特，附於呼倫貝爾駐防。達什達瓦額魯特，附於熱河駐防。打牲之索倫，達呼爾，鄂倫春，畢拉爾所居，沿嫩江而北及納黑爾河，諾敏河，阿倫河，雅勒河，濟沁河，托新河，呼密爾河，西里木迪河一帶。伊犁額魯特游牧，在伊犁之南境，南倚天山，東南西一帶皆設卡倫，東逾卡倫與精土爾扈特游牧接，南逾卡倫即天山，天山之內為珠勒都斯土爾扈特和碩特游牧，西逾卡倫與布嚕特為界。察哈爾游牧，在伊犁之東北境，北一帶設卡倫，逾卡倫與哈薩克為界。塔爾巴哈臺額魯特，察哈爾，哈薩克各佐領游牧，東與霍博克薩里土爾扈特接，西與北逾卡倫，皆與吟薩克為界。各城回子，東起喀喇沙爾，西為庫車，又西為阿克蘇，阿克蘇之西為烏什，其西南為葉爾羌，葉爾羌之西為喀什噶爾，其南為和闐，喀喇沙爾東與吐魯番接。自喀喇沙爾至阿克蘇，皆北倚天山，山內為珠勒都斯土爾扈特和碩特游牧，南係大戈壁。烏什西北逾卡倫與布嚕特為界。葉爾羌之西南，嚷什噶爾之西，皆當蔥嶺，逾卡倫與布嚕特，霍罕，安集延等處為界。和闐南山之南及東皆為大戈壁，逾戈壁而南達西藏。唐努烏梁海，南與喀爾喀札薩克圖汗部中左翼左旗及杜爾伯特游牧接，東與北皆與俄羅斯為界，西與阿勒泰諾爾烏梁海接。科布多所屬之明阿特額魯特游牧，皆在科布多城之西，札哈沁游牧在其南，東與喀爾喀札薩克圖汗左翼右旗，右翼後末旗接，南與古城接，西與烏隆古土爾扈特接。明阿特額魯特之西為阿勒泰烏梁海，南與烏隆古土爾扈特接，西與霍博克薩里土爾扈特接，東與杜爾伯特游牧接，北逾卡倫與哈薩克為界。

阿勒泰烏梁海之東北爲阿勒泰諾爾烏梁海，南與杜爾伯特接，東與唐努烏梁海接，西與哈薩克爲界，北與俄羅斯爲界。達木八旗，四旗游牧在札喜湯，二旗游牧在湯寧，一旗游牧在五佛山，皆北恃拉干山，南與前藏接。一旗游牧在格拉，東北濱喀喇烏蘇，西與後藏接。

凡喇嘛之轄眾者，令治其事如札薩克焉。

喇嘛之眾曰沙畢那爾，其治即統於喇嘛。

內蒙古有錫呼圖庫倫札薩克喇嘛。

喀爾喀有哲布尊丹巴呼圖克圖，額爾德尼班第達呼圖克圖，札牙班第達呼圖克圖，青蘇珠克圖諾們罕，那魯班禪呼圖克圖。

青海有察汗諾們罕。

西藏有達賴喇嘛，班禪額爾德尼，察木多派克巴拉呼圖克圖，乍雅達呼圖克圖，類烏齊呼圖克圖，八所喇嘛，碩般多喇嘛，瓊科爾結喇嘛，墨竹宮喇嘛，工布碩卡喇嘛，邦仁曲第喇嘛，噶勒丹喇嘛，贊墊喇嘛，瓊結喇嘛，仁木喇嘛，江孜喇嘛，岡堅喇嘛，協噶爾喇嘛，聶拉木喇嘛，雜仁喇嘛，撒噶喇嘛，朗嶺喇嘛，乃東喇嘛，松熱嶺喇嘛，文札卡喇嘛，羊八井喇嘛，呼徵喇嘛，布勒繃喇嘛，沙拉喇嘛。錫畔圖庫倫，當盛京法庫邊外，北與奈曼旗接，西南與土默特左翼旗接。哲布尊丹巴呼圖克圖所居曰庫倫，當汗山之北，在土謝圖汗部中旗境內。額爾德尼班第達呼圖克圖，扎牙班第達呼圖克圖，青蘇珠克圖諾們罕，附於三音諾顏部游牧。那魯班禪呼圖克圖，附於札薩克圖汗部游牧。察汗諾們罕，附於青海蒙古游牧。達賴喇嘛所居曰布達拉，是爲前藏，班禪額爾德尼所居曰札什倫布，在布達拉西南，包於前藏境內，是爲後藏。前藏東與四川邊外土司接，東北與西寧大臣所屬土司接，北與卓書特部落爲界，西北逾戈壁與和闐，葉爾羌接，西與拉達克汗部落爲界，西南與廓爾喀爲界，南與哲孟雄部落爲界，東南與雲南維西廳接。其餘各喇嘛皆屬於達賴喇嘛，東起乍雅，東與四川邊外土司接。其西爲察木多，又西爲碩般多，又西爲類烏齊。碩般多，類烏齊之北皆與西藏大臣所屬土司接。碩般多之南爲爲八所，又南爲工布碩卡。類烏齊之西爲墨竹宮，又西爲噶勒丹。類烏齊之西北爲贊墊，介居西藏大臣所屬土司各族之間。其西爲呼徵。噶勒丹之西爲沙拉，西與布達拉接。噶勒丹之南爲瓊科爾結。瓊科爾結之西爲文札卡，又西爲松熱嶺，又西爲邦仁曲第，又西爲乃東，北與布達拉接。乃東之西爲瓊結。布達拉之西北爲布勒繃，又西北爲羊八井。羊八井之西爲朗嶺，

西與札什倫布接。朗嶺之南爲仁奪，其西南爲江孜，又西南爲岡堅。岡堅之西爲協噶爾。協噶爾之西南爲聶拉木。郎嶺之西逾後藏境爲撒噶，又西爲雜仁。